미래 세대를 위한
ㅂ ㅂ 이야기

미래 세대를 위한 법 이야기

제1판 제1쇄 발행일 2024년 5월 1일

글 _ 이지현
기획 _ 책도둑(박정훈, 박정식, 김민호)
디자인 _ 이안디자인
펴낸이 _ 김은지
펴낸곳 _ 철수와영희
등록번호 _ 제319-2005-42호
주소 _ 서울시 마포구 월드컵로 65, 302호(망원동, 양경회관)
전화 _ 02) 332-0815
팩스 _ 02) 6003-1958
전자우편 _ chulsu815@hanmail.net

ISBN 979-11-7153-009-0 43360

철수와영희 출판사는 '어린이' 철수와 영희, '어른' 철수와 영희에게 도움 되는 책을 펴내기 위해 노력합니다.

미래 세대를 위한

법 이야기

글 — 이지현

철수와영희

머리말

행복하고 평등한 세상을 위한
법 이야기

어떤 세상에서 살고 싶나요?

현실이 너무 팍팍하고 경쟁이 고달픈가요?

모두가 행복한 세상이 있을까요?

우리가 만들 수 있고 만들어야 하는 세상을 고민해 보겠습니다.

우리가 꿈꾸는 세상, 첫발을 내딛어요.

지금, 시작입니다!

우리는 지구라는 행성, 그중에서도 대한민국에 살고 있습니다. 우리나라에는 「헌법」과 법률이 있고 계급과 같은 신분제도는 없습니다. 그러니 평등한 나라라고 배우고 있어요. 그렇지만 우리는 세상의 불공정, 불합리한 것들, 정의롭지 못한 일들과 마주치게 됩니다. 가슴이 답답해지는 것은 나약해서가 아닙니다. 비뚤어진 경쟁 사회, 나만 잘 살면 된다는 이기심으로 서로를 아프게 한 일, 사랑과 화합을 저해하는 혐오와 갈등이 우리의 미래를 가로막고 있어요.

우리는 '법 따로, 삶 따로'인 채로 살고 있는 건 아닐까요? 우리가 법과 더불어 어떻게 인생을 살아야 하는지를 태어남에서부터 말하려고 합니다. 어떻게 사랑하고 살아야 하는지, 갈등과 혐오에 어떻게 대처해야 하는지도 함께 고민해 보겠습니다. 또 국가와 개인의 문제를 법과 함께 돌아보고 종교와 청소년 정치에 이르기까지 다양한 주제를 살펴보겠습니다.

그래서 자유와 평등의 진정한 의미가 되살아나고 모든 인간의 존엄이 실현되는 세상에 대해 의견을 나누어 보고 싶습니다. 불의한 차별이 우리를 힘들게 할 때 우리의 삶의 기둥을 법적으로 어떻게 세워 나가고 바꿔야 하는지도 함께 생각하는 계기가 되기를 희망합니다.

우리는 냉정하게 현실을 바라볼 수 있어야 합니다. 그래야 우리 안의 갈등과 차별 그리고 폭력을 넘어서서 새로운 세상을 만들 수 있습니다. 그러기 위해서는 법에 대한 이해와 깊은 성찰이 우선되어야 합니다. 행복하고 평등한 세상은 여러분의 손에 달려 있습니다. 인생이란 바다를 멋지게 항해하기 위해 지금 법과 인생이라는 배를 띄우고 출발하겠습니다.

2024년 5월
이지현 드림

차례

7 저항

8 참정권과 청소년

미래 세대를 위한

법 이야기

1.
생명권을 둘러싼 논쟁

1. '베이비 M' 사건
_생명과 법

1978년 영국 잉글랜드 올덤시에서 루이즈 브라운이 태어났습니다. 인류 역사상 시험관 시술로 태어난 최초의 아기였습니다. 과학 기술의 발달로 이전에는 상상하지 못한 일이 현실이 되었습니다. 그 이후 수많은 시험관 아기가 태어나고 있습니다. 자연스러운 수정이 아닌 인위적인 수정이라는 점에서 논란이 있었지만 지금은 아기를 갖지 못하는 부모에게 희망이 되고 있어요.

그런데 인공 수정에 성공한다고 아기가 태어나는 것은 아닙니다. 엄마의 자궁에 착상해서 태아가 성장해야 하죠. 그런데 엄마에게 자궁이 없거나 자궁 속에 태아를 키울 수 없는 경우도 있습니다. 이때 어떤 사람들은 또 다른 방법을 찾습니다. 바로 대리모를 통한 출산입니다.

대리모란 돈을 받고 다른 사람의 아기를 임신해서 출산한 후 아기를 인도해 주는 여성을 말해요. 나라에 따라서 대리모는 합법이기도 하고 불법이기도 합니다. 우리나라에서는 불법입니다.

윤리적으로도 받아들여지지 않습니다.

그런데 대리모가 합법인 나라에서는 많은 문제가 발생합니다. 미국은 주별로 대리모에 대해 입장이 다른데, 1987년 뉴저지주에서 대리모와 관련한 한 사건이 발생했습니다. 스턴 부부는 아기를 갖고 싶었지만 임신이 어려웠어요. 결국 메리 화이트헤드라는 여성과 대리모 계약을 맺었습니다. 그런데 화이트헤드는 막상 임신을 하자 아기에게 엄마로서 애착을 느끼게 되었어요. 출산 후에는 계약을 어기고 이 아기는 자신의 아기라고 말하며 직접 키우려 했습니다. 심지어 도주까지 하는 상황이 발생합니다. 스턴 부부는 소송을 통해 아기를 되찾으려 했어요. 이때 재판에서 대상이 된 아이의 가명이 '베이비 M'입니다.

뉴저지주 지방법원°은 이들의 대리모 계약에 대해 그 효력이 유효하다는 판결을 내렸습니다. 대리모 계약 자체는 동등하게 이루어져 문제가 없다고 판단하고 계약의 신성함을 강조했습니다. 대리모 출산을 아기를 파는 행위로 보지 않았어요.

그런데 뉴저지주 대법원°의 판결은 달랐어요. 대리모 계약은 아기에 대한 매매이고, 세상에는 돈으로 살 수 없는 것도 있다는 판결을 내렸습니다. 따라서 대리모 계약은 범죄적 성격을 가지며

° 표시가 되어 있는 단어는 174쪽 〈미니 법률 용어 사전〉에 뜻풀이가 있습니다.

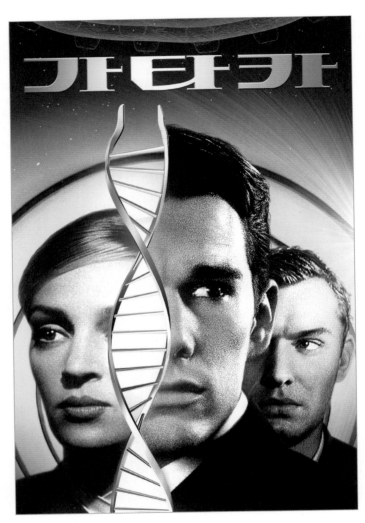

SF 영화 〈가타카〉 포스터(1997).

무효라고 판시[*]했어요. 그렇지만 아이의 양육을 위해서 스턴 부부에게 양육권을 주었고 대리모인 화이트헤드에게는 정기적으로 아이를 만날 수 있는 면접교섭권을 인정했어요.

1997년 개봉한 SF 영화 〈가타카〉는 암울한 미래의 모습을 그렸습니다. 미래 사회에서 유전자 조작으로 태어난 사람들은 상류층이 되고 유전자 조작을 하지 않고 태어난 사람들은 하층민이 되는 세상을 보여 줍니다. 영화의 이야기가 지금 시기에 전혀 낯설지 않게 다가오는 것은 생명과학의 발달 때문이에요.

앞으로는 유전자를 쇼핑해서 열등한 유전자를 제거하고 우수한 유전자를 태어날 아기에게 삽입할지도 몰라요. 태어나기 전부터 인간은 두 개의 영역으로 갈라지고 차별화될 수도 있어요. 영화는 "인간의 영혼은 유전자로 결정할 수 없다."라는 말을 남깁니다.

인간의 생명은 이전 인류보다 크게 연장되었습니다. 이제는 더 나아가 트랜스 휴먼이 등장하게 될지도 모릅니다. 트랜스 휴먼은 인간과 닮았지만 개조에 의해 인간보다 훨씬 뛰어난 능력을 지닌 사람을 말합니다. 이처럼 과학기술이 더 발전하면 미래에는 인간의 신체를 강화시켜서 강화된 인간과 원래의 인간으로 살아가는 인간으로 나누어질 수도 있어요.

1970년대 방영된 미국의 인기 드라마 〈600만불의 사나이〉의 주인공처럼, 강화 인간으로 탈바꿈한 인간이 빨리 뛰고 멀리 있는 것도 20배나 줌을 해서 볼 수 있으며 트럭도 들어 올릴 수 있는 날이 올지도 모릅니다.

이제 인류는 인간이란 무엇인가에 대한 진지한 성찰을 새롭게 시작해야 합니다. 「헌법」*에 보장된 인간의 존엄이 실현되고 차별 없는 세상을 만들기 위해서는 태어남에 있어서도 인간의 존엄이 지켜져야 하니까요.

어떤 과학기술을 연구하고 세상에 적용할 때는 인류의 생명 윤리에 대한 고려가 반드시 필요합니다. 그와 관련한 법적 논의와 그에 대한 의사결정에 신중을 기해야 합니다. 법과 같은 강제적인 힘이 아니고서는 인간의 욕망에 제동을 걸 수 있는 마땅한 대안이 없기 때문입니다.

2. 프랑켄슈타인의 비극
_생명과학과 윤리

인류는 오랫동안 신이 인간을 창조했다는 믿음에 흔들림이 없었습니다. 19세기에 다윈이 진화론을 주장했을 때 사람들은 엄청난 충격을 받았고, 수많은 반론이 제기되었습니다. 사람들 사이에는 수많은 논쟁이 일었고, 그 논쟁은 아직도 계속되고 있습니다. 이제는 인간이 인간을 만들 수 있는 시대가 되었다고 합니다. 인간이 창조자가 되어 신의 영역에 도전하고 있는 셈이죠.

인간이 인간을 만들어 냈다는 최초의 이야기는 영국 작가 메리 셸리의 괴기소설로 알려진 『프랑켄슈타인』입니다. 프랑켄슈타인 박사는 연구에 몰두하며 생명을 받을 수 있는 몸을 만들기 위해 시체 안치소에서 유골을 모으고 해부실과 도살장에서 아름다운 것들로 재료를 구해서 인간을 창조했어요. 그렇지만 그가 창조한 인간은 애초 상상한 아름다운 인간의 모습이 아니었습니다. 근육과 혈관조차 가리지 못하는 괴물의 모습이었습니다.

하지만 진짜 문제는 프랑켄슈타인 박사가 만든 피조물이 아

영화 <프랑켄슈타인> 포스터(1931).

미래 세대를 위한 법 이야기

름다운가 아닌가가 아니었습니다. 마음에 들지 않는 피조물을 대하는 창조자의 태도였습니다. 프랑켄슈타인 박사는 자신의 피조물을 괴물이라 말하며 회피하죠. "악마 같은 시체"라고 여기며 공포와 실망의 감정을 느낍니다. 결국 창조자인 프랑켄슈타인 박사는 자신이 만든 피조물에 의해 비극적 죽음을 맞이하고, 그를 죽인 피조물은 절규합니다.

인간의 과학기술은 이미 생명 복제에 성공했습니다. 수많은 복제 동물을 만들어 내고 있지요. 1996년 영국에서 최초의 복제 양 돌리가 탄생했습니다. 이후 동물 복제는 고양이, 개, 낙타 등 다양한 종류로 확대되었습니다.

심지어 사라진 공룡을 복제할 수 있다는 이야기도 심심치 않게 나옵니다. 영화 〈쥬라기 공원〉(1993년 개봉)을 처음 봤을 때의 충격이 아직도 생생한데 멸종한 동물들이 되살아날지도 모를 일이에요. 네안데르탈인이 다시 살아나서 현생 인류와 함께 도시의 한가운데에 서 있는 일이 정말 일어날까요.

동물 복제 이후 인간 복제가 현실화될 수 있다는 가능성이 제기되었습니다. 지금의 인간 복제는 나와 똑같은 나이와 정체성을 가진 인간을 복제하는 것이 아니에요. 유전자가 같은 아기가 탄생하는 것입니다.

2001년에 이미 이탈리아의 인공수정 전문가 안티노리 교수는
세계 최초의 복제 인간의 탄생을 강행하겠다고 공언한 바 있습니
다. 또 한 종교단체가 만든 생명공학 회사는 최초의 인간 복제 아
기인 이브가 탄생했다는 주장을 펼치기도 했어요. 사실 여부는
확인되지 않았어요. 이외에도 인간 복제와 관련한 많은 주장이
있어 왔어요. 그렇지만 아직까지 복제 인간이 확인된 바는 없습니
다. 다만 생물학자들은 인간 복제가 기술적으로 가능하며 인공자
궁의 개발도 상당한 수준에 올라와 있다고 합니다.

인간 복제에 대해서는 찬성과 반대의 주장이 대립하고 있습니
다. 인간 복제를 반대하는 입장에서는 인간의 존엄과 인간이라는
정체성의 보호를 위해 인간 복제는 절대로 허용할 수 없으며 이
를 법으로 금지시켜야 한다고 주장합니다.

미국에서는 2001년 '인간 복제 금지법'이 통과되었습니다. 이
에 따라 인간을 복제해서 만들어 내거나 인간 배아를 복제하는
행위도 금지합니다. 우리나라에서도 인간 복제는 금지되었으며
인간의 배아를 동물의 자궁에 착상시키거나 동물의 배아를 인간
의 자궁에 착상시키는 행위도 불법입니다. 인간 배아는 법률의 정

의에 따라 인간의 수정란 및 수정된 때부터 발생학적으로 모든 기관이 형성되기 전까지의 분열된 세포군을 말합니다. 2005년 유엔에서는 인간 복제를 금지하는 선언문을 채택했어요.

인간 복제를 찬성하는 입장의 경우 어린 자식을 잃은 부모의 슬픔을 생각한다면 자식의 복제를 허용해야 한다고 주장하기도 합니다. 우리나라에서도 자식을 잃은 한 의사가 병원을 그만두고 복제를 위해 외국으로 간 것이 오래전 텔레비전을 통해 방송되기도 했어요.

인간 배아 연구를 허용해야 한다고 주장하는 사람들은 의학적 측면에서의 효용성을 이유로 듭니다. 인간의 질병과 난치병 치료, 특히 대체 장기 생산으로 인간에게 기여하는 이로운 점이 많다는 주장입니다. 만약 인류가 인간 복제를 허용해서 부작용이 없는 자신의 장기를 생산하고 사용한다면 이것이 인간의 존엄과 생명권에 기여하는 것일까요.

인간 복제의 문제는 이제 일상에서도 우리에게 경각심을 갖게 합니다. 예를 들어, 좋아하는 연예인이 춤을 추다가 떨어트린 머리카락 한 가닥을 손에 넣은 사람이 있다고 해 볼게요. 그 연예인은 자신도 모르게 머리카락 한 가닥을 가진 사람에 의해 복제 인간으로 태어날 수도 있습니다. 이제 나의 신체 정보, DNA는 인간 생명과 관련하여 내가 원하지 않는 방향으로 흘러갈 수도 있습니다.

이렇듯 생명윤리에 대한 문제는 우리가 살아온 삶의 방식을 완전히 뒤집을 수도 있는 엄청난 것입니다. 따라서 인간 복제에 대한 법률이 필요해졌어요. 우리나라에서는 「생명 윤리 및 안전에 관한 법률」을 제정했고, 이 법에서 인간의 존엄과 정체성의 보호를 위해 인간 복제를 허용할 수 없음을 분명히 하고 있습니다.

「생명 윤리 및 안전에 관한 법률」 제20조(인간 복제의 금지)

❶ 누구든지 체세포 복제 배아 및 단성생식 배아(이하 "체세포 복제 배아 등"이라 한다)를 인간 또는 동물의 자궁에 착상시켜서는 아니 되며, 착상된 상태를 유지하거나 출산하여서는 아니 된다.

❷ 누구든지 제1항에 따른 행위를 유인하거나 알선하여서는 아니 된다.

최초의 복제양 돌리가 탄생하기까지 수많은 기형 돌리가 비참하게 태어나 죽어야 했습니다. 인간 복제에서도 이런 문제들을 간과할 수 없습니다. 우리가 미처 생각하지 못한 방식으로 인간의 존엄과 가치가 침해될 수도 있습니다.

만약 나와 똑같은 유전자를 가지고 태어난 복제 인간이 상품으로 취급되고 인간으로 살 수 없다면 어떨까요. 상품으로 취급되어 복제품 1호나 2호로 살아가는 복제 인간들에게는 인권은 없는 것일까요.

정자와 난자의 수정으로 태어난 우리들은 부모님과의 추억, 친구들과의 우정으로 삶을 아름답게 살고 있습니다. 설사 우리와 똑같은 복제 인간이 태어난다고 하더라도 똑같은 내가 될 수는 없습니다.

영생을 누리고 싶고 건강하게 살고 싶은 인간의 욕망이 복제 인간에 대한 동기를 만드는 것은 아닐까요. 진정 우리에게 필요한 생명과학은 무엇일까요.

3. 낙태가 범죄인가를 따지기 전 물어야 할 것들
_생명권과 자기 결정권

요즘은 출산율 저하가 사회적으로 큰 문제가 되지만 예전에는 아이를 적게 낳아야 한다는 구호가 있었어요. '아들 딸 구별 말고 둘만 낳아 잘 기르자'라고 해서 4인 가족이 한 가정의 기준이 되기도 했습니다. 1980년대는 둘도 많다며 하나만 낳아 잘 키우자는 구호를 외쳤답니다. "하나 낳아 젊게 살고, 좁은 땅 넓게 살자!"

심지어 국가가 불임을 권장하고 무료 시술까지 해 주었어요. 낙태죄는 사문화°된 법으로 법은 있지만 없는 것과 마찬가지였어요. 특히 우리나라의 경우 남아선호 사상이 심각해서 성별을 미리 알아내서 아들이 아니면 낙태를 하는 일도 많았어요. 태아의 생존이 아들이냐 딸이냐에 따라 갈림길에 있었던 것입니다.

그렇다면 지금은 어떨까요. 우리나라는 이미 저출산 시대, 인구 절벽의 위기에 처해 있습니다. 국가는 출산율을 높이기 위해 저출산 고령화 사회에 대한 대책을 내놓으며 아이를 많이 낳으라고 독려합니다.

한편 낙태를 줄여야 출산율이 증가한다고 주장하는 사람들이 있지만, 출산율과 낙태는 사실상 아무 상관이 없습니다. 출산율의 문제는 아이를 낳아서 잘 키울 수 있는 환경이 만들어져야 해결되는 문제이지 낙태를 줄인다고 해서 해결되는 문제는 아니니까요.

낙태와 관련해서는 그것이 범죄이냐 아니냐를 둘러싼 논쟁이 있습니다. 하지만 그와 같은 질문을 하기 전에 먼저 고민해야 하는 문제가 있습니다. 낙태를 하지 않아도 되는 세상, 미혼모나 미혼부가 되어도 부모와 아기의 삶이 행복할 수 있는 나라인지를 먼저 물어야 합니다.

우리나라에서는 미혼모에 대한 잘못된 편견이 많아요. 원래의 가족과 단절되어 혼자서 짐을 짊어지고 모든 책임을 떠맡아야 하는 미혼모의 현실을 먼저 직시할 필요가 있습니다. 심지어는 한 고등학생이 임신 사실을 숨기다가 수능을 치른 후 낙태 수술을 받다 숨지는 일도 있었어요.

우리 「형법」˚에는 낙태죄가 있어서 낙태한 여성과 낙태 시술을 한 의사를 처벌할 수 있었습니다. 또 「모자보건법」 제14조는 낙태를 할 경우 배우자의 동의를 받아야만 한다고 되어 있어요. 배우자의 동의 없이 하는 낙태는 불법이 되는 것이죠. 임신은 결코 혼자 할 수 없어요. 그런데도 임신을 가능하게 한 남성의 책임은 사라지고 동의를 해 줄 수 있는 지위만 부여받았습니다.

낙태를 한 여성은 남자 친구나 전남편으로부터 고발을 당하기도 했습니다. 사회가 점점 성적으로 개방되고 미디어를 통해 성에 대해 환상을 갖게 되지만 성적인 관계가 임신과 출산으로 이어진다는 데까지는 생각이 나아가지 못하는 것 같습니다. 임신과 낙태의 문제는 청소년도 알아야 할 일입니다. 그 이유는 진정한 사랑과 책임지는 자세에 대한 성찰은 세대를 가리지 않고 필요한 일이기 때문입니다.

낙태 문제는 우리에게 굉장히 중요합니다. 왜냐하면 낙태를 둘러싼 논란을 떠나서 현실에서 낙태를 하는 수많은 여성이 있기 때문입니다. 낙태를 한다는 것은 임신을 했다는 것이고 임신은 여성 혼자 하기는 불가능합니다. 그럼에도 우리나라에서는 낙태와 관련해 비난의 화살을 주로 여성에게만 겨누는 경향이 있습니다. 낙태를 한 여성은 일방적으로 생명을 존중하지 않는 이기적인 여성이라는 비난을 받습니다. 그들이 어떤 상황에서 낙태라는 선택을 했는지는 살피려 하지 않습니다.

　낙태에 대한 논의는 오랫동안 공론화되지 못하다가 낙태에 대한 찬반논쟁이 불붙은 사건이 있었습니다. 2010년의 일입니다. 프로라이프 의사회라는 곳에서 낙태 시술을 한 산부인과 병원 3곳을 고발합니다. 낙태는 분명히 「형법」에 의해 불법이었지만 대부분의 산부인과에서 낙태 시술을 하고 있었기에 이 사건은 산부인과 의사들에게 굉장한 충격을 주었어요.

　당시에 산부인과 의사들은 즉각적으로 낙태 시술을 중단했고 「낙태법」에 대한 회의를 하고 서로의 의견을 모으기도 했습니다. 프로라이프(prolife)는 말 그대로 생명을 존중한다는 뜻을 가졌고 프로라이프 의사회는 하루 1000건 이상의 불법 낙태가 이루어진다며 정부에 대해 항의의 표시로 산부인과 의사를 고발했다고 밝혔습니다.

　낙태에 대한 논의가 처음으로 수면 위로 올라와 토론이 잠시 이루어졌지만 곧 다시 수면 아래로 가라앉았어요. 우리 사회에서 낙태는 말하기 거북한 것이었고 낙태를 한 경우에도 범죄이기에 드러낼 수 없었죠. 당연히 낙태의 찬성과 반대를 놓고 충돌하는 것도 부담스러워했어요. 서로가 말을 하지 않고 비밀로 묻어 두려

했으며 침묵을 강요하는 현 상태를 유지하려는 분위기가 압도했습니다. 그렇지만 2010년 부산에 있는 한 조산원의 조산사가 '헌법 소원'*을 제기하는 등 생명권과 여성의 자기 결정권에 대한 논의는 계속되어 왔어요.

우리나라 대법원에서 생명의 소중함을 말한 판결문이 있습니다.

인간의 생명은 잉태된 때부터 시작되는 것이고 회임된 태아는 새로운 존재와 인격의 근원으로서 존엄과 가치를 지니므로 그 자신이 이를 인식하고 있던지 또 스스로 방어할 수 있는지에 관계없이 침해되지 않도록 보호해야 하는 것이 「헌법」 아래에서 국민 일반이 지니는 건전한 도의적 감정과 합치된다.
_대법원 1985. 6.11 선고 84도 1958판결

생명은 한 번 잃으면 영원히 회복할 수 없고 이 세상 무엇과도 바꿀 수 없는 절대적인 존재이며, 한 사람의 생명은 고귀하고 전 지구보다 무겁고 또 귀중하고 엄숙한 것이며 존엄한 인간의 근원…
_대법원 1963. 2.28 선고 62도 241판결

그렇다면 여성의 자기 결정권은 어떨까요. 이 문제에 대해 헌법재판소에서는 어떤 결정을 내렸을까요.

헌법재판소의 선고 모습.

2012년 헌법재판소˚는 낙태죄에 대해 합헌˚ 결정을 내렸습니다. 이후 2019년 낙태에 대한 헌법재판소의 결정이 다시 내려집니다. 헌법재판소는 임신한 여성의 낙태를 처벌하고 의사가 임신한여성의 승낙을 받아 낙태를 한 경우 처벌하는 「형법」 조문에 대하여 임신한 여성의 자기 결정권을 침해한다며 '헌법 불합치 결정'*을 내렸어요. 입법자는 2020년 12월 31일까지 법을 개정해야 했으며 낙태죄 조항은 이제 효력을 잃게 되었습니다.

임신·출산·육아는 여성의 삶에 근본적이고 결정적인 영향을 미칠 수 있는 중요한 문제이므로, 임신한 여성이 임신을 유지 또는 종결할 것인지 여부를 결정하는 것은 스스로 선택한 인생관·사회관을 바탕으로 자신이 처한 신체적·심리적·사회적·경제적 상황에 대한 깊은 고민을 한 결과를 반영하는 전인적(全人的) 결정이다.

현 시점에서 최선의 의료기술과 의료 인력이 뒷받침될 경우 태아는 임신 22주 내외부터 독자적인 생존이 가능하다고 한다. 한편 자기 결정권이 보장되려면 임신한 여성이 임신 유지와 출산 여부에 관하여 전인적 결정을 하고 그 결정을 실행함에 있어서 충분한 시간이 확보되어야 한다. (중략)

낙태 갈등 상황에 처한 여성은 형벌의 위하로 말미암아 임신의 유지 여부와 관련하여 필요한 사회적 소통을 하지 못하고, 정신적 지지와 충분한 정보를 제공받지 못한 상태에서 안전하지 않은 방법으로 낙태를 실행하게 된다.

「모자보건법」상의 정당화 사유에는 다양하고 광범위한 사회적·경제적 사유에 의한 낙태 갈등 상황이 전혀 포섭되지 않는다. 예컨대, 학업이나 직장 생활 등 사회 활동에 지장이 있을 것에 대한 우려, 소득이 충분하지 않거나 불안정한 경우, 자녀가 이미 있어서 더 이상의 자녀를 감당할 여력이 되지 않는 경우, 상대 남성과 교제를 지속할 생각이 없거나 결혼 계획이 없는 경우, 혼인이 사실상 파탄에 이른 상태에서 배우자의 아이를 임신했음을 알게 된 경우, 결혼하지 않은 미성년자가 원치 않은 임신을 한 경우 등이 이에 해당할

수 있다. (중략)

따라서, 자기 낙태죄 조항은 입법 목적을 달성하기 위하여 필요한 최소한의 정도를 넘어 임신한 여성의 자기 결정권을 제한하고 있어 침해의 최소성을 갖추지 못하였고, 태아의 생명 보호라는 공익에 대하여만 일방적이고 절대적인 우위를 부여함으로써 법익 균형성의 원칙도 위반하였으므로, 과잉 금지 원칙을 위반하여 임신한 여성의 자기 결정권을 침해한다.

_헌재 2019. 4. 11. 2017헌바127, 『판례집』 31-1, 404

　　태아의 생명권을 주장하는 입장이 여성의 자기 결정권을 무시하는 것은 아니며, 여성의 자기 결정권을 주장하는 것이 태아의 생명권을 경시하는 것이 아니에요. 그렇지만 두 의견은 공존이 어려운 것만은 사실입니다.

　　이처럼 첨예하게 대립하고 있는 문제에 대해서 헌법재판소는 기존의 결정을 바꾸어 「형법」의 낙태죄 조항에 대하여 헌법불합치 결정을 내리면서 임신한 여성의 자기 결정권을 지지했어요. 앞으로 헌법재판소의 결정에 따라 법과 제도가 새롭게 마련될 것입니다.

　　이제 낙태는 범죄에서 비범죄화되었어요. 여성의 자기 결정권 그리고 생명권이 서로 존중되고 원하는 임신을 통해 건강하고 행복한 사회가 되기를 바라는 것은 우리 모두의 공통된 바람일 것입니다.

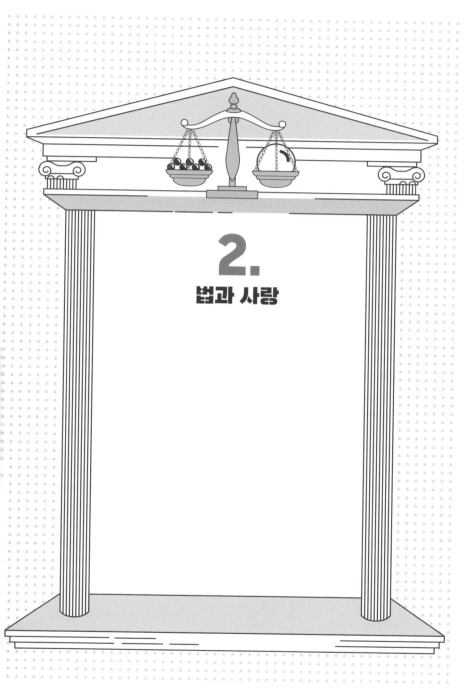

2.
법과 사랑

1. 줄리엣은 죄가 없다
_성적 자기 결정권과 행복추구권

로미오와 줄리엣은 청소년 시기에 만나 사랑하고 비밀 결혼식을 올렸습니다. 긴 세월 서로의 집안은 철천지원수로 지내 왔음에도 두 남녀는 진심으로 상대를 아끼고 사랑했기 때문입니다. 그래서 로미오와 줄리엣은 사랑을 상징하는 대명사로까지 유명해지고 이들의 이야기는 불멸의 고전으로 남게 되었어요.

우리는 사랑이 고결하고 아름다우며 서로가 서로를 행복하게 하는 것이라고 어렴풋이 알고 있어요. 그런데 정작 드라마나 영화에 나오는 사랑은 배신이 난무하고 폭력적이며 일방적인 경우도 많아요. 현실에서 일어나는 사랑도 드라마처럼 다양합니다.

그렇다면 모든 사랑이 다 법적으로 용납되는 것일까요. 그렇지는 않아요. 고백도 못 하고 혼자서 마음속으로만 하는 사랑은 밖으로 표현이 안 되고 나만이 알고 있기에 법적으로 문제가 되지 않습니다. 내가 마음속으로 좋아하는 사람을 포옹했다 하더라도 상상에 그쳤기 때문에 법적으로 규제할 수는 없어요. 그렇지

콘스탄틴 마코브키, 〈로미오와 줄리엣〉(1890).

만 상상을 현실로 옮기면 완전히 다른 법적인 문제가 발생합니다. 여차하면 처벌받아야 하는 범죄가 되니까요.

예컨대 상대를 존중하지 않는 일방적인 강요는 사랑이 아니라 범죄입니다. 지속적으로 상대방을 쫓아다니며 괴롭히는 스토킹 범죄는 과거에는 '열 번 찍어 안 넘어가는 나무 없다'는 황당한 말로 미화되기도 했어요.

그러나 이제 스토킹은 해서는 안 될 범죄입니다. 스토킹은 상대방의 의사에 반하는 행위로 상대에게 불안감이나 공포심을 일으킵니다. 상대방이나 그 가족에게 접근하거나 따라다니거나 진로를 막아서는 행위, 지속적인 문자와 전화, 상대방의 집이나 학교 등에서 기다리거나 지켜보는 행위 등이 다 포함됩니다. 이와 같은 행위를 했을 때는 「스토킹범죄의 처벌 등에 관한 법률」에 의해 처벌받습니다.

만약 누군가가 나를 계속 지켜본다면 얼마나 불안하겠어요. 그 사람이 내게 좋아한다는 문자를 하루에 수십 통씩 보낸다면 공포 때문에 일상생활을 하기가 어렵겠지요. 이런 경우에는 곧바로 신고를 해야 합니다.

사랑이란 자신의 이기심이나 욕망을 충족하는 것이 아니에요.

사랑에는 예의가 필요하고 존중이 우선입니다. 상대방이 싫어하는 행위를 해서는 안 되며 상대방의 동의가 중요해요.

「헌법」 제10조는 "모든 국민은 인간으로서의 존엄과 가치를 지니며, 행복을 추구할 권리를 가진다. 국가는 개인이 가지는 불가침의 기본적 인권을 확인하고 이를 보장할 의무를 진다."고 하고 있어요. 인간의 존엄과 가치를 최고의 기본적 인권으로 규정했습니다. 인간은 이용하는 수단이 되어서는 안 되며 목적이 되어야 해요. 인간 그 자체를 최고의 목적으로 볼 때 인간은 인간으로서 자기 결정권을 가지고 있습니다. 자기 결정권은 인생을 운영하는 주체를 자기 자신으로 보고 있어요. 인생을 살아갈 때 스스로 결정하는 것, 나의 운명을 내가 결정하는 것이 자기 결정권입니다.

이 「헌법」 조문은 행복추구권도 이야기하고 있지요. 행복추구권에 있어서 가장 본질적인 것이 사랑입니다. 사랑 없이 우리가 어떻게 행복할 수 있겠어요. 사랑은 「헌법」상의 보호를 받으며 헌법재판소의 판결에 의해서도 분명히 확인되었습니다.

인간이 도덕과 관습의 범위 내에서 국가의 간섭 없이 자유롭게 이성(異性)과 애정을 나눌 수 있는 것은 「헌법」이 규정하는 인간의 존엄과 행복추구의 본

질적 내용의 일부를 구성하므로 이성 간의 애정의 자유도 당연히 「헌법」상
의 보호를 받는다.
-헌재 2008헌바58등(2008헌바58, 2009헌바191)

　사랑에 있어서도 성적인 문제에 있어서도 우리는 자기 결정권
을 가지고 있어요. 우리는 나의 성과 사랑에 대해 스스로 판단하
고 결정해서 당당하게 행동해야 합니다. 사랑하는 사람을 내가
결정하고, 사랑의 방식도 내가 결정하는 것이 중요해요.

　성적 자기 결정권은 한마디로 "내 사랑은 내가 결정한다!"는
것입니다. 다른 사람이 나에게 성적인 행동이나 의사를 강요할 수
없어요. 또한 자신의 의지와 판단이 매우 중요합니다. 성적 자기
결정권은 자율성 있고 책임감 있게 사랑을 선택하고 결정할 수
있는 권리입니다. 따라서 나의 의사와 상관없이 상대방이 성적인
행동이나 만남을 원하니까 상대방의 의사에 무조건 동조하며 아
무 생각 없이 따라가는 것은 내가 「헌법」상 권리로 보장된 성적
자기 결정권을 행사하지 않는 거예요.

　강제로 연인 관계를 만든다거나 국가가 나에게 이런 사람과는
만나고 저런 사람은 사랑해서는 안 된다는 기준을 제시할 수 없
어요. 왜냐하면 내 인생은 내 것이고 「헌법」은 내 인생에 대해 내

가 결정할 수 있는 권리를 주었기 때문입니다.

  우리는 살며 사랑합니다. 우리의 사랑이 진정으로 아름다우려면 상대방에 대한 깊은 존중이 우선되어야 합니다. 줄리엣은 지금 보더라도 사랑에 진심이고 적극적이었습니다. 로미오와의 사랑을 지키기 위해 가부장적인 아버지에게 맞서며 용감하게 사랑을 선택했습니다. 로미오도 줄리엣을 사랑하는 자신의 마음을 굳건히 지켰습니다. 우리에게는 어떤 사랑이 기다릴까요.

2. 남자 친구를 만났으니 반성문을 쓰세요
_성적 자기 결정권과 사생활의 비밀과 자유

이성 교제가 규율 또는 계약으로 금지된다면 어떨까요. 이를 위반하면 계약 위반으로 벌칙을 받고 손해 배상까지 해야 한다면 어떻게 될까요? 사랑을 한 죄밖에 없는데 피해가 너무 심각하며 정신적, 물질적 고통이 수반됩니다.

실제로 이런 일들이 일어났어요. 해군사관학교에는 '1학년 생도와 타 학년 생도 간의 이성 교제 및 1학년 생도 간의 이성 교제'를 금지하는 규정이 있었어요. 2020년에서 2021년 사이에 이 규정을 어겨서 징계 받은 생도가 47명이었고 이들은 국가인권위원회에 진정*을 했습니다.

징계를 받은 학생의 주장은 이랬습니다. 사람의 마음은 법으로 막을 수 없는 것인데, 성인이 이성 교제를 했다는 이유로 징계를 받는 것은 불합리하다. 징계 결정 이후 매주 반성문을 제출하고 매일 지정한 시간에 전투복을 착용하고 집합해서 단체 자습

신윤복, 〈월하정인〉. 달 아래 담 모퉁이에서 은밀히 만나는 남녀를 그렸다.

을 해야 했습니다. 학생들은 자신들이 마치 범죄자로 낙인찍힌 기분이었다고 했습니다.

국가인권위원회는 해군사관학교의 이와 같은 징계 처분은 「헌법」에 보장된 개인의 행복추구권 및 사생활의 비밀과 자유 등을 침해하는 것으로 보았습니다. 사실상 해군사관학교의 징계 처분은 무엇보다 행복하기 위해 자신의 인생을 결정하고 사랑을 선택할 수 있는 자기 결정권을 침해하고 있습니다. 문자를 주고받고 휴가 때 외부에서 만나는 것까지 국가가 간섭하겠다는 것이나 다름없다는 점을 인권위원회에서도 지적했습니다.

공군사관학교에서도 비슷한 일이 있었습니다. 공군사관학교는 이와 같은 규율이 필요한 이유로 군생활에는 절제가 필요하고 이성 교제는 건전한 판단을 흐리게 한다는 점을 들었어요. 그렇지만 성인인 생도가 사랑을 하고 이성을 만나는 것이 건전한 판단에 영향을 미친다는 주장은 받아들여지지 않았습니다.

그럼, 국가가 개인의 삶과 사랑에는 어떤 영향을 미치고 있을까요. 우리의 사랑에 국가가 나서서 심판하고 판결을 내리고 형사 처벌*까지 하는 것이 정당할까요. 국가가 남성에게 여성과 사귈 때의 방식과 절차를 법률로 규정한다면 우리가 받아들일 수 있을까요.

헌법재판소에서는 간통죄나 혼인 빙자 간음죄를 통해 국가가 국민 개개인의 성에 개입하는 것을 성적 자기 결정권을 침해한 것으로 보았습니다. 간통죄는 배우자가 있는 사람의 불륜을 「형법」에 의해 처벌하는 것인데 남녀 사이의 사랑과 자유로운 만남을 국가가 간섭하는 것은 바람직하지 않다는 의견이 많았습니다. 오랜 논란 끝에 간통죄는 헌법재판소의 결정으로 2015년에 폐지되었습니다.

2009년에 폐지된 혼인 빙자 간음죄는 법률에 의해 '혼인을 빙자하거나 기타 위계로써 음행의 상습 없는 부녀를 기망하여 간음한 자'에 대해 처벌하도록 했어요. 즉 성관계가 문란하다고 판단되는 여성은 보호를 하지 않겠다는 것을 「형법」 조문에서 확고히 했던 것이죠. 성적 자기 결정권이 무색할 정도로 국가의 성에 대한 비뚤어진 생각과 간섭을 적나라하게 드러내고 있었습니다.

이성 간에 성행위를 함에 있어 미성년 또는 심신 미약의 부녀를 상대로 한다거나, 폭행이나 협박 등 폭력을 수단으로 한다거나, 여성을 매매의 대상 또는 흥정의 미끼로 삼는다거나, 그 장면을 공중에게 노출시킨다거나, 또는 그로 인하여 위험한 질병이 상대방에게 전염되게 한다거나 하는 등의 해악적 문제가 수반되지 않는 한 이성 관계 자체에 대하여 법률이 직접 개입하는 것은 성적 자유에 대한 무리한 간섭이 되기 쉽다.

_헌재 2009. 11. 26. 2008헌바58등, 『판례집』 21-2하, 520

국가가 나서서 남성 또는 여성에 대한 입장을 강요하거나 만나는 사람과 사랑에 대해 직접 개입하는 것은 성적 자유에 대한 무리한 간섭입니다. 다만 「민법」*상 혼인의 의무를 저버리고 부정행위를 한 경우에는 다른 법률로 책임을 물을 수 있습니다. 결혼이라는 계약 의무를 저버린 것에 대한 법적 책임이죠. 또한 성과 사랑이 외부로 표출된 경우 그 행위가 타인에게 해악을 준다면 법률로 규제할 수 있습니다.

사람은 태어나서 누구나 아름다운 사랑을 꿈꾸고 사랑하고 이별하기도 합니다. 진실되고 참된 사랑은 우리에게 「헌법」에 보장된 행복추구권을 실현하게 해 주죠. 또한 성과 사랑은 은밀한 경우가 많으며 남에게는 비밀로 하고 싶은 나만의 사생활이기도 하죠.

「헌법」 제17조
모든 국민은 사생활의 비밀과 자유를 침해받지 아니한다.

성인이 어떤 종류의 사랑을 하건 개인의 자유 영역이고 다만 그것이 외부로 표출되어 사회에 해악을 끼칠 때에만 법률로 규제해야 한다는 것이 헌법재판소의 입장이에요. 국가가 사랑과 성에 대해 형사 처벌을 하는 것은 성적 자기 결정권뿐 아니라 국민의 사생활의 비밀과 자유를 침해하는 것입니다.

무엇보다 성적 자기 결정권을 지키고 행사하는 데에는 나에 대한 사랑이 필수입니다. 나의 몸과 마음을 사랑해야 성적 자기 결정권을 제대로 행사할 수 있어요. 아울러 사생활의 비밀과 자유는 「헌법」에 의해 침해받지 않아야 합니다. 국가는 우리의 사랑이 외부에 피해를 주지 않는다면 누구를 만나는지, 어떤 사랑을 하는지 묻지도 따지지도 말고 나의 사생활을 간섭하지 말아야 합니다.

3. 사랑은 쟁취하는 것이 아니다
_성적 자기 결정권과 범죄

우리는 오랫동안 남성과 여성에게 성에 대한 다른 규범들을 강요해 왔어요. 한 예로 '지저분하다'라는 말이 여성과 남성에게 다른 의미가 되기도 합니다. 남성에게는 그냥 본래의 뜻으로 정돈이 되어 있지 않아 지저분하다는 것을 의미했지만, 여성에게는 성적으로 문란하다는 뜻으로 사용되기도 했습니다.

성에 대한 규범과 도덕이 여성과 남성에게 다르게 적용되었고, 특히 여성에게는 오랫동안 순결을 강조했어요. 성폭력을 당한 경우에도 여자로서 부끄러운 일이며 정조를 잃은 것으로 보는 경우까지 있었습니다. 그렇지만 이제는 다행히 그런 모든 잘못된 관행에 대한 인식이 많이 바뀌었습니다. 성폭력은 성적 자기 결정권에 대한 침해이며 극악한 범죄입니다.

우리 사회에서 「성폭력특별법」(정식 명칭 '성폭력 범죄의 처벌 등에 관한 특별법') 제정과 관련해 중요한 전기가 된 사건이 있습니다. 피해자가 한 "나는 사람을 죽인 것이 아니라 짐승을 죽였다."라는 말이 많은 사람들에게 깊은 인상을 남긴 사건이었습니다.

1970년 송백권은 이웃집 9살 소녀를 성폭행했어요. 9살 소녀는 어디에도 말할 곳이 없었습니다. 가부장적인 사회 분위기가 만연했고 부모님은 어렵고 무서웠어요. 성폭행을 당한 소녀는 성장해서 결혼을 했지만 과거의 트라우마로 결혼생활을 유지할 수 없었고 이상 행동을 하는 등 정신적 고통이 극심했습니다. 나중에 송백권을 찾아가 잘못을 따졌지만 사과는커녕 오히려 심한 욕설만 들었어요. 고소하고 싶었지만 법적으로는 고소를 할 수 있는 기한이 지나 버렸어요. 피해자는 자신의 피해를 구제받을 수 있는 길이 하나도 없었어요. 9살 이후로 괴로움에서 벗어나지 못한 채 삶이 무너져 내렸어요. 피해자는 결국 송백권을 살해했고, 법정에서 자신은 사람을 죽인 것이 아니라 짐승을 죽였다고 말하며 절규했습니다.

지금도 대한민국에서는 끔찍한 성범죄가 너무나 많이 일어나고 있어요. 결코 안전한 사회가 아니에요. 비뚤어지고 왜곡된 성문화와 성에 대한 인식으로 저지르는 성폭력은 인간으로서의 삶을 살 수 없게 합니다.

성폭력의 피해자는 여성이 대부분이지만 남성도 피해자가 될 수 있어요. 또 성폭력의 경우 가까운 사람이 가해자인 경우가 많습니다. 아기부터 할머니까지 가리지 않고 성범죄의 대상이에요.

사이버 공간에서도 우리는 성적 자기 결정권을 가지고 있다는 것을 늘 기억해야 해요. 성적 수치심을 일으키는 영상이나 이야기, 성적 위협 등은 모두 성적 자기 결정권에 대한 침해입니다.

우리가 사랑에 대해서 생각하는 것이 우리의 성에 대한 문화와 인식을 만들어요. 이제 우리는 「헌법」에 보장된 성적 자기 결정권을 모두가 누릴 수 있도록 법으로뿐 아니라 문화로도 확산시켜야 합니다. 사랑을 외부적으로 표현할 때에는 분명한 책임이 따른다는 것도 잊지 말아야 하죠.

나의 성적 자기 결정권이 소중하다면 다른 사람의 성적 자기 결정권도 소중히 지켜 줘야 합니다. 특히 데이트 폭력을 경계해야 합니다. 데이트를 할 정도로 친숙한 관계이기 때문에 상대를 믿는 마음이 크고 피해를 당하고도 넘어가는 경우가 많아요. 데이트 폭력은 사랑이 아닙니다. 살인으로도 이어지는 무서운 범죄입니다. 사랑은 존중이지 강요가 아니며 협박이나 폭력이 아닙니다.

대학에서도 데이트 폭력은 일어나고 있어요. 심지어 같은 과 여학생이 자신과 헤어지겠다고 하자 살인을 저지르기도 했습니다. 여자 친구의 변심에 분노를 느껴서 살해하거나 상대방을 성적 대상으로 여겨 성폭력을 저지르는 범죄자는 가까이에 있어요. 특별한 사람이 이런 범죄를 저지르는 게 아니에요.

내가 좋아하는 상대방이 나를 싫어할 수도 있고 나의 제안을 거절할 수도 있습니다. 인생을 살면서 우리는 사랑을 하고 실연도 당하고 짝사랑도 하게 되죠. 그런 모든 순간이 우리를 성장하게 합니다. 철수가 영희를 너무 좋아하지만 영희가 다른 사람을 좋아할 때 철수는 영희에게 사랑을 강요하지 않아요. 철수는 영희의 성적 자기 결정권을 존중합니다. 사랑은 존중과 배려이기 때문에 철수는 진정한 마음으로 영희의 행복을 빌어 줍니다.

성적 자기 결정권은 우리의 기본권이며 그 누구도 침해해서는 안 됩니다. 서로의 성과 사랑에 대해 존중하고 아름다운 성문화를 만들어 나가야 합니다. 인간이 인간으로서 어떻게 사랑하고 살아야 하는지를 깊이 성찰하는 것은 선택이 아니라 필수인 거죠.

사랑은 욕망이나 욕구의 해결이 아니라 설렘으로 시작하고 서로를 아끼는 마음으로부터 출발합니다. 인류는 사랑을 통해 성장했고 사랑으로 세상을 변화시켜 왔어요. 성적 자기 결정권에 대한 존중은 우리의 인생을 사랑으로 아름답게 할 거예요.

3.
법과 존엄한 죽음

1. 죽음이란 무엇일까
_존엄한 죽음과 자기 결정권

지구의 생명체는 저마다 수명이 있습니다. 여름마다 매미들은 자신의 목소리를 줄기차게 뽐내지만 여름이 끝나 갈 즈음 뻣뻣하게 마른 몸으로 죽어 갑니다. 매미는 여름 한철을 살기 위해 7년 동안 땅속에서 애벌레로 산다고 해요. 성인 매미로서의 불꽃같은 생을 화려하게 불태우고 금세 떠나 버리죠.

인간은 어떨까요? 살아 있는 인간에게 죽음은 너무나 멀리 있어요. 나의 일이 아닌 다른 사람에게만 일어나는 일처럼 여겨지죠. 애플의 창업자인 스티브 잡스는 스탠퍼드 대학교 졸업식에서 젊은이들에게 죽음을 이야기했어요. 자신이 곧 죽을 거라는 생각이 인생에 큰 도움을 주었고 두려움을 극복하는 최고의 길이었다는 것을 강조했습니다. 스티브 잡스를 성공으로 이끈 가장 큰 자각은 '오늘이 내 인생의 마지막 날이라면 오늘 나는 무엇을 할 것인가'였습니다.

우리는 어린이와 청소년의 시기에 삶과 죽음 그리고 인생에 대해 어떻게 살아야 하는지를 성찰할 기회를 놓쳐 버리는 경우가 많아요. 입시에 매달리다 보니 정작 중요한 삶의 지도를 펼쳐 보지 못하는 것이죠.

납골 시설에 대한 헌법재판소 결정문에도 죽음에 대한 재판관들의 고민이 엿보여요. 사망한 사람의 시신을 화장하고 유골을 안치하는 납골 시설이 학생들의 정서 발달에 해로운 영향을 끼칠 수 있다는 의견이 있어요. 이에 일부 재판관은 반대의견으로 이렇게 주장하고 있어요.

납골 시설이 반드시 학생들의 정신적 교육 환경에 부정적인 영향을 미치는 유해한 시설이라고 단정하기는 어렵다. 오히려 납골 시설은 삶과 죽음, 그리고 사후 세계와 삶의 다양성에 대하여 사색할 수 있는 장소가 될 수 있어, 학생들의 문화적·철학적 성장을 위한 유익한 시설로서 교육적 시설이 될 가능성이 있다. 종교 기관의 납골 시설은 신앙에 기초하여 죽음 이후의 세계에 대한 믿음에 기초하고 있는 종교 시설로서, 사자에 대한 축복의 기원, 삶과 죽음에 대한 사색을 하기에 적합한 시설로서의 특성을 가지고 있다.

_헌재 2009. 7. 30. 2008헌가2, 『판례집』 21-2상, 46

우리는 죽음을 공포로 받아들이는 경향이 있어요. 절대 우리에게 일어나서는 안 되는 일로 생각하지만 인간은 누구나 죽음을

뭉크, 〈병실에서의 죽음〉(1893).

맞습니다. 인간도 다른 동물처럼 태어나고 늙고 병들고 죽는 생의 사이클을 가지고 있어요. 그런데 오랫동안 진리로 여겨 온 인간의 삶의 경로가 도전받고 있습니다. 무엇보다 연명 치료로 인해 죽음의 의미와 과정이 예전과 크게 달라졌어요.

연명 치료는 전혀 회복 가능성이 없는 상태에서 생명을 인위적으로 연장시키는 치료예요. 환자에게 이런 연명 치료를 강요하는 것이 「헌법」상 인간의 존엄에 부합하는가에 대한 고민이 깊어졌습니다.

무의미한 연명 치료 장치의 제거를 둘러싸고 세브란스병원과 환자 가족 사이에 분쟁이 벌어진 적이 있습니다. 2008년에 있었던 일명 '김 할머니 사건'이에요. 김 할머니는 폐암 검진 중 과다 출혈로 식물인간 상태가 되었습니다. 할머니의 가족들은 의학적으로 회복 가능성이 없는 게 분명한 상태에서 더 이상의 치료는 무의미하다고 판단했고, 병원 측에 인공호흡기 제거 등 연명 치료의 중단을 요구했어요. 하지만 병원 측에서는 이를 거부했어요. 가족들은 병원을 상대로 소송을 제기했고 대법원은 가족들의 편을 들어줬습니다.

이미 의식의 회복 가능성을 상실하여 더 이상 인격체로서의 활동을 기대할 수 없고 자연적으로는 이미 죽음의 과정이 시작되었다고 볼 수 있는 회복 불가능한 사망의 단계에 이른 후에는, 의학적으로 무의미한 신체 침해 행위에 해당하는 연명 치료를 환자에게 강요하는 것이 오히려 인간의 존엄과 가치를 해하게 되므로, 이와 같은 예외적인 상황에서 죽음을 맞이하려는 환자의 의사 결정을 존중하여 환자의 인간으로서의 존엄과 가치 및 행복추구권을 보호하는 것이 사회상규에 부합되고 헌법 정신에도 어긋나지 아니한다. 그러므로 회복 불가능한 사망의 단계에 이른 후에 환자가 인간으로서의 존엄과 가치 및 행복추구권에 기초하여 자기 결정권을 행사하는 것으로 인정되는 경우에는 특별한 사정이 없는 한 연명 치료의 중단이 허용될 수 있다

_대법원 2009. 5. 21., 선고, 2009다17417, 전원 합의체• 판결

　　김 할머니의 연명 치료에 대한 대법원의 이 판결은 우리나라에서 존엄사*를 인정한 첫 판결이었어요. 사람들은 이 사건을 계기로 인간의 '존엄한 죽음'에 대해 생각하게 됐습니다.

　　죽음은 생명의 반대편에 서 있는 것이 아니라 오히려 늘 삶과 함께 있는 것이 아닐까요. 생명은 그 무엇보다 소중합니다. 앞으로 의료기술의 발달로 생명은 지금보다 더 연장될 것이며 삶과 죽음의 경계가 더욱 혼란스러워질 수 있어요

　　죽음은 우리에게 무엇을 의미할까요. 우리가 원하는 것이 사

랑하는 사람과 불멸의 존재로 영원히 사는 것일까요. 부모님과 행복하게 오래오래 살기를 바라지만 누구나 죽게 된다는 사실 앞에 절망하게 되죠. 그러나 오히려 사람은 누구나 죽게 된다는 자연의 이치 때문에 소중한 사람이 얼마나 귀한 존재이고 고마운 존재인지 깨닫게 됩니다.

김 할머니 사건에서도 사랑하는 부모님을 떠나보내야 하는 자식들의 마음은 말할 수 없이 힘들었어요. 연명 치료를 중단하는 결정이 결코 쉬운 일이 아니었어요. 가족들은 할머니의 뜻을 존중하기로 했고 사랑으로 마지막 임종을 지켰습니다.

김 할머니는 독실한 기독교 신자로서 평소에 무의미한 생명의 연장을 원하지 않는다는 말씀을 자주 하셨다고 합니다. 대법원의 판결로 인공호흡기를 제거한 김 할머니는 자발적으로 숨을 쉬며 중환자실에서 일반 병실로 옮겨 와 가족들과 함께 평온한 시간을 보내다가 돌아가셨어요.

병원과 환자의 관계는 「민법」상 의료 서비스에 대한 계약 관계예요. 환자의 치료에는 당사자의 동의가 필요합니다. 의사는 환자에 대해 진료 의무와 주의 의무, 설명 의무 등의 의무를 지게되고 「민법」적 계약에 충실해야 하죠.

그런데 환자의 죽음, 연명 치료와 관련해서는 「형법」적 개입이 일어나기도 합니다. 환자 가족의 요구로 인공호흡기를 제거한 의사가 「형법」에 의해 살인방조죄로 처벌된 사건이 있어요. 환자의 죽음에 대한 자기 결정권에 대한 고민이 깊어지는 대목입니다.

2. 사느냐, 죽느냐 그것이 문제로다!
_인간의 존엄성과 죽음을 결정할 권리

세계에서 처음으로 존엄사 판결을 내린 재판이 있었습니다. 바로 '퀸란 사건'이에요. 카렌 퀸란은 1975년 21세의 나이에 친구의 생일파티에서 의식을 잃고 쓰러져 인공호흡기로 생명을 유지하는 상태가 되었습니다. 뇌사 상태에 빠져 식물인간이 된 퀸란은 코로 영양분을 공급받고 인공호흡기를 부착하는 등 튜브와 기계장치에 의지해 생명을 유지하고 있었어요. 사실상 퀸란이 영구적인 식물인간 상태를 벗어날 방법은 없었습니다.

퀸란의 부모님은 딸을 사랑했으며 딸의 고통을 아파했어요. 독실한 가톨릭 신자였던 부모님은 신부님과 의논해서 퀸란의 생명을 강제적으로 유지하는 장치를 제거해 줄 것을 병원에 요구했습니다. 하지만 담당 의사가 거부했고, 이에 가족은 소송을 하게 됩니다. 미국 모리스 카운티 법원에서 재판이 진행되었습니다. 이때 재판 과정에서 어머니와 동생은 퀸란이 과거 만일 자신이 죽게 된다면 비정상적으로 생명을 연장하지 말아 달라고 말했던 것을 증언했어요. 그렇지만 담당 재판관 뮤어 판사는 생명 유지 장치를 제거할 수 없다고 결정했습니다.

이후 미국 뉴저지주 대법원에서 퀸란 가족의 변호사인 암스트롱은 무의미한 연명 치료는 중단되어야 한다고 말했어요. 죽음이 임박한 환자에게 치료를 중단할 '헌법적 권리'°가 있다고 주장했습니다. 뉴저지주 대법원은 원고인 퀸란 가족의 승소를 결정했고 퀸란은 인공호흡 장치를 제거할 수 있었어요.

인공호흡기를 제거하면 곧바로 사망할 것이라는 주변의 우려와는 달리 퀸란은 부모님의 따뜻한 돌봄을 받으며 9년이 지나 사망했습니다. 퀸란이 사망하던 날, 언론은 그녀가 요양원에서 31세의 나이로 사망했다는 것을 보도했습니다. 퀸란의 죽음은 많은 사람들에게 삶과 죽음을 다시 생각하게 했어요. 한편에서는 인공호흡 장치를 제거하는 것은 살인이라고 주장했고, 다른 쪽에서는 환자에게는 자신의 죽음을 결정할 권리가 있다고 주장했어요. 이 두 주장이 맞붙으며 엄청난 사회적 관심과 논쟁을 불러일으켰습니다.

퀸란 사건은 우리나라에도 보도되어 식물인간 상태에 있는 환자의 죽음에 대한 권리를 돌아보게 했습니다. 퀸란 사건과 관련해 정해진 답은 없습니다. 아마도 다음과 같은 서로 다른 생각 들이 대립하고 있지 않을까요.

철수 퀸란은 의식이 없으며 깨어날 희망도 없는데 인위적이며 강제적으로 생명을 연장하는 것은 인간의 존엄성을 침해하는 일입니다. 퀸란의 부모님은 억지로 생명을 연장함으로써 딸의 존엄을 해치고 있다고 주장했어요. 삶의 마지막 순간까지 인간의 존엄은 지켜져야 하죠! 퀸란을 사랑하는 가족들은 퀸란이 살아 있을 때의 의사를 존중하려 했고 딸의 고통을 바라지 않았어요.

영희 퀸란의 생명은 소중해요. 아직 살아날 희망이 전혀 없는 것도 아닙니다. 퀸란은 명백히 아직 살아 있어요. 그런데 어떻게 인공호흡기를 뗄 수 있겠어요? 잘못된 판단으로 퀸란의 생명권을 침해하는 일은 있을 수 없는 일입니다. 우리는 살고자 하는 본성을 가지고 있어요. 퀸란의 인공호흡기를 제거하는 것은 살인이나 다름없습니다!

아직도 퀸란 사건은 끝나지 않았는지 모릅니다. 퀸란 사건은 이후 죽음과 관련된 판결에 많은 영향을 끼쳤습니다. 결과적으로 살 것이냐, 죽을 것이냐에 대한 사회적 논의와 깊은 성찰을 가져 왔어요.

우리나라는 이제 고령화 사회입니다. 노인 인구는 늘어나고 젊은 세대는 줄어들고 있어요. 좋은 음식과 풍요로운 환경 그리고 의료기술의 발전이 수명을 연장하고 있습니다. 그렇지만 의학 기술의 발달은 우리에게 많은 질문을 던지고 있죠. 의학 기술의 발전이 돈과 권력이 있는 사람들에게만 집중된다면 죽음조차도 불공정과 불평등이 있을 수 있을 거예요. 또한 누가 죽음에 대한 결정권을 가지는가도 중요한 문제입니다.

죽음은 너무나 멀리 있는 일 같지만 예측할 수 없는 급작스러운 사고 등으로 인간의 삶은 사실상 죽음과 늘 가까이 있어요. 생명 유지 장치로 연명하는 삶을 거부한다고 하더라도 생명 유지 장치의 스위치를 끄는 문제는 의료, 종교, 법의 영역을 넘나듭니다. 삶과 죽음이 어떠해야 하는가를 깊이 성찰하는 일은 우리를 성숙하게 만들어요. 앞으로 우리 사회에 삶과 죽음에 대한 논의가 더욱 많아질 것이며 이러한 성찰은 삶을 더욱 진지하고 가치 있게 이끌어 줄 것입니다.

3. 공기 살인
_소비자의 권리와 기업과 국가의 책임

우리는 자본주의 사회를 살아가며 수많은 소비를 하고 있어요. 매일 새 상품을 쏟아내는 기업들은 마치 우리에게 소비가 미덕이라고 말하는 것 같습니다. 인기 연예인들이 신고 나온 신발과 들고 있는 가방은 '완판'(물건을 하나도 남김 없이 모두 다 파는 것) 행진을 이어 가요. 광고를 안 보는 날이 없으며 심지어는 필요가 없어도 단순히 광고 모델이 좋아서 물건을 구입하기도 합니다.

소비자는 사업자가 제공하는 물품이나 용역을 소비 생활을 위해 사용하거나 이용하는 사람입니다. 소비자는 소비 생활에서 기본적으로 생명과 신체, 재산상의 보호를 받을 권리를 가지고 있습니다. 그런데 우리가 기업을 믿고 날마다 착실하게 소비한 제품이나 용역 때문에 목숨까지 잃어야 한다면 얼마나 끔찍한 일이겠어요.

실제로 이런 잔혹한 일이 대한민국에서 벌어졌습니다. '소리 없는 살인'으로 많은 국민이 목숨을 잃었어요. 건강한 생활을 위해 사용한 가습기 살균제로 특히 어린이와 아기 들이 큰 피해를 입었고 어른들도 예외는 아니었어요. 많은 사람이 죽었고 회복할 수 없는 질병에 걸렸습니다.

깨끗한 실내 공기와 가습을 위해 성실하게 매일 사용한 소비 자일수록 피해가 컸습니다. 그렇지만 기업은 세계 최초의 제품이라며 국민의 생명은 아랑곳하지 않았고 이윤만 추구했어요. 기업들을 관리하는 주체인 정부도 무책임했어요. 수많은 국민이 가습기 살균제로 죽어 갔지만 국민의 생명을 앗아간 범죄를 저지른 기업과 정부의 제대로 된 반성은 없었습니다.

"저도 아내를 잃었습니다. 아이도 언제 죽을지 모르는 상태고요. 이유는 알아야 하지 않겠습니까."
"죄 없는 사람들이 죽은 거잖아."

_가습기 살균제 사건을 다룬 영화 <공기살인> 중에서

소리 없는 살인을 저질렀던 가습기 살균제 사건은 영화로까지 만들어졌습니다. 그만큼 국민의 아픔과 절망이 컸기 때문이에요. 이 사건은 2011년 처음 드러나기 시작했고, 지난한 싸움 끝에 6년 이 지난 2017년에야 「가습기 살균제 피해 구제를 위한 특별법」이

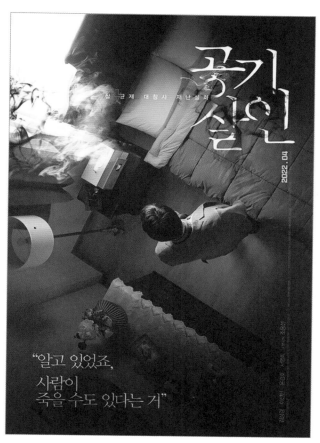

영화 〈공기살인〉 포스터(2022).

시행되었습니다. 그러나 지금도 이 사건은 끝나지 않았습니다. 충분한 조사가 이뤄지지 않았고, 피해자에 대한 구제와 보상도 이뤄지지 않았습니다. 이와 같은 대형 참사는 국민이 깨어 있지 않으면 얼마든지 다시 발생할 수 있고, 누구나 피해자가 될 수 있어요.

생명을 위협하는 제품에 대해 관망하고 소비자로서의 권리를 행사하지 않는다면, 우리는 매일의 소비 생활 속에서 생명과 안전에 커다란 위협을 안고 살아가야 할 것입니다.

자본주의 사회가 발달하면서 거대 기업이 등장했고 소비자는 개인으로서 약자일 수밖에 없어요. 매일의 소비가 생명과 건강 그리고 나의 삶을 갉아먹고 끝내는 죽음까지 불러온다면 이것은 명백한 살인입니다.

가습기 살균제로 인한 사망은 처음에는 이유를 알 수 없는 죽음이었습니다. 기업을 믿고 건강을 위해 제품을 구입했던 소비자들이 독성 화학물질을 흡입하고 사망했습니다. 이유도 알지 못한 채 갑자기 세상을 떠나야 했던 아이들도, 어른들도 아무 잘못이 없었어요.

나와 가족이 죽음을 면했더라도 이웃이 죽어 나간다면 우리의 삶도 안전하지 않아요. 다시는 공기 살인과 같은 끔찍한 범죄가 일어나지 않아야 합니다. 삶의 마지막인 죽음은 평화롭고 따뜻해야 하며 억울한 죽음, 이유를 알 수 없는 죽음은 없어야 합니다.

4.

양심과 사상
그리고 종교의 자유

1. 양심적 병역 거부는 양심에 대한 자유인가
_의무와 자유

도대체 양심이란 무엇일까요. '너는 양심도 없냐!'라는 말을 하며 양심을 많이 거론하지만 정작 양심을 정확하게 알기는 쉽지가 않지요. 양심으로 가슴이 저리는 일은 사람마다 다양하며, 반면에 양심의 가책을 느껴야 할 일에 뻔뻔한 사람도 많이 있으니까요. 또 대부분의 사람은 전혀 신경을 쓰지 않는 일에 양심이 찔려서 힘들어 하는 사람도 있습니다.

양심은 때로는 그 사람만의 세계관이 되었다가 사상이 되기도 하고 다른 경우에는 신념이 되기도 합니다. 우리 「헌법」은 모든 국민은 양심의 자유를 가진다는 것을 확고히 하고 있어요.

「헌법」 제19조
모든 국민은 양심의 자유를 가진다.

이 「헌법」 조문에 대해 헌법재판소는 더 구체적으로 양심에 대해 언급하고 있어요.

「헌법」상 보호되는 양심은 어떤 일의 옳고 그름을 판단함에 있어서 그렇게 행동하지 아니하고는 자신의 인격적인 존재 가치가 허물어지고 말 것이라는 강력하고 진지한 마음의 소리로서 절박하고 구체적인 양심을 말한다. (중략) '양심'은 민주적 다수의 사고나 가치관과 일치하는 것이 아니라, 개인적 현상으로서 지극히 주관적인 것이다. 양심은 그 대상이나 내용 또는 동기에 의하여 판단될 수 없으며, 특히 양심상의 결정이 이성적·합리적인가, 타당한가 또는 법질서나 사회 규범·도덕률과 일치하는가 하는 관점은 양심의 존재를 판단하는 기준이 될 수 없다.

_헌재 2018. 6. 28. 2011헌바379등, 『판례집』 30-1하, 370

헌법재판소는 양심이 다수의 정의관이나 도덕관과 일치하는 것이 아니라 개인적인 현상으로 지극히 주관적이라는 것도 강조했습니다. 양심의 결정이 이성적·합리적인가, 타당한가 또는 법질서나 사회규범, 도덕률과 일치하는가 하는 관점은 양심의 존재를 판단하는 기준이 될 수 없다고 했습니다.

따라서 양심적 병역 거부를 두고, 왜 병역 거부에 대해서 양심이라는 용어를 사용하는가에 대해서는 헌법재판소가 분명한 태도를 보이고 있어요. 「헌법」상 양심이란 지극히 개인적이고 주관적인 현상이며 법질서나 규범과의 일치를 요구하지 않는다는 것이죠.

따라서 우리 대다수 국민이 군대를 가야 한다는 규범과 법질서를 따르고 있고, 병역의무를 숭고하며 당연히 지켜야 할 의무로 받아들인다고 하더라도, 이와는 다르게 생각하고 양심상의 심각한 갈등을 일으키는 사람들이 있다는 것을 인정했어요.

헌법재판소에서는 「헌법」에 의해 보호받는 양심은 "법질서와 도덕에 부합하는 사고를 가진 다수가 아니라 이른바 '소수자'의 양심이 되기 마련이다."라고 말했습니다. 다만 「헌법」상 양심으로 인정할 것인가에 대한 판단은 그것이 깊고 확고하며 진실된 것인지 여부에 따르게 된다고 했어요.

헌법재판소에서 양심적 병역 거부에서 양심이 무엇인가를 진지하게 고민한 것은 매우 소중한 일이었어요. 소수의 양심이 지켜질 수 없다면 다수의 생각과 다른 소수의 의견은 손가락질 받아야 하고 그러한 입장에 선 이들은 범죄자가 될 수도 있으니까요. 헌법재판소는 병역 거부에 대한 종교적 신념을 가족들이 공유해서 아버지와 아들 형제들이 대를 이어 처벌되는 사례의 가혹한 상황을 지적하기도 했어요.

양심의 자유는 자유권으로서 나의 양심의 자유가 간섭을 받지 않는 방어권이며 내가 나의 양심의 자유를 마음속으로만 갖고 있는 것이 아니라 외부로 표현할 수 있어야 합니다.

헌법재판소는 "양심 실현의 자유란 형성된 양심을 외부로 표명하고 양심에 따라 삶을 형성할 자유, 구체적으로는 양심을 표명하거나 또는 양심을 표명하도록 강요받지 아니할 자유, 양심에 반하는 행동을 강요받지 아니할 자유, 양심에 따른 행동을 할 자유를 모두 포함한다."고 하여 양심의 실현에 대한 입장을 분명히 하였습니다.

문제는 국민 대다수의 생각과 다른 양심도 양심의 자유로 보장받아야 할까요. 헌법재판소는 다수가 아닌 소수의 양심에 대해, 양심이란 주관적인 것이라고 말하고 있어요. 양심에 다수의 양심, 소수의 양심이란 구분은 사실상 의미가 없는 것이죠. 다수가 소수에게 나와 같은 양심을 가지라고 강요할 수는 없는 일입니다.

사법연수원을 수료한 후 양심적 병역 거부*를 해서 실형을 받았던 백종건 변호사는 자신과 같은 사람들이 틀린 것이 아니라 다를 뿐이라고 말합니다.

양심적 병역 거부를 한 사람들 중에는 비단 특정 종교인만 있었던 것은 아니에요. 자신의 신념과 양심에 따라 총을 들기를 거부한 많은 젊은이들이 있었습니다. 이들은 자신의 양심에 따른 선택을 한 대가로 차디찬 감옥살이를 해야 했습니다. 우리나라에서 양심적 병역 거부자를 처벌했다는 기록은 1950년부터 있었어요.

양심을 포기하든지 감옥에 가든지 둘 중에 하나를 선택하라고 강요하기보다는 국방의 의무와 양심의 자유를 조화시킬 수 있는 제3의 길이 있다면 국가는 그 길을 진지하게 모색해야 한다고 헌법재판소는 말했습니다.

양심적 병역 거부는 자신의 양심에 따라 총을 들거나 군사훈련을 받거나 전쟁에 참여하는 것을 거부하는 것을 말해요. 그런데 우리나라는 징병제 국가입니다. 징병제는 성년의 남성에게 국토를 방위하는 병역의무를 주고 이를 강제하는 제도예요. 일정한 연령이 되면 징병 검사를 받고 군대에 복무하게 됩니다.

「헌법」제39조
❶ 모든 국민은 법률이 정하는 바에 의하여 국방의 의무를 진다.
❷ 누구든지 병역의무의 이행으로 인하여 불이익한 처우를 받지 아니한다.

군대는 남성뿐 아니라 어찌 보면 우리 국민 모두의 보편적 경험이기도 해요. 왜냐하면 군대를 보내는 엄마는 아들을 눈물로 배웅하기도 하고, 여자 친구도 군대를 가는 남자 친구와의 한시적 이별을 안타까워하니까요.

징병제 국가에서 군대는 대한민국 성인 남자라면 누구나 다 녀와야 하는 곳이고 군대에 대한 특혜와 비리는 국민이 용납하지 않아요. 국가를 위해서 해야 할 일을 하지 않은 비열하고 파렴치한 범죄라는 인식이 강하기 때문입니다.

국방부 장관은 헌법재판소에 "양심적 병역 거부는 누구에게나 부과되는 병역의무에 대한 예외를 요구하는 것이므로 사회공동체 전반에 미치는 파급 효과가 대단히 크다. 따라서 양심적 병역 거부자를 형사 처벌한다고 하더라도 과잉 금지의 원칙에 반하여 그들의 양심의 자유 등을 침해한다고 볼 수 없다."라는 의견을 냈어요.

그러나 헌법재판소는 양심적 병역 거부자들을 병역을 기피하는 사람들로 보지 않았으며 국방의 의무를 회피하는 사람들이 아니라고 보았습니다.

양심적 병역 거부자들은 집총 등 병역의무 이외의 분야에서는 국가 공동체를 위한 어떠한 의무도 기꺼이 이행하겠다고 지속적으로 호소한다.

_현재 2018. 6. 28. 2011헌바379등, 『판례집』 30-1하, 370

헌법재판소가 양심적 병역 거부자에 대한 대체복무 제도를 도입함으로써 기본권 침해 상황을 제거해야 한다고 결정했고, 2019년 「대체역의 편입 및 복무 등에 관한 법률」이 제정되었어요. 사실상 소수자의 양심의 자유를 보장한 기념비적인 결정이라고 할 수 있습니다.

「대체역의 편입 및 복무 등에 관한 법률」
제1조(목적) 이 법은 「대한민국헌법」이 보장하는 양심의 자유를 이유로 현역, 예비역 또는 보충역의 복무를 대신하여 병역을 이행하기 위한 대체역의 편입 및 복무 등에 관한 사항을 규정함을 목적으로 한다.

헌법재판소의 결정으로 이제 양심적 병역 거부자들이 국방의 의무를 다할 수 있는 길이 열렸어요. 신성한 국방의 의무와 더불어 우리가 깊이 자각해야 할 것은 평화를 위한 길을 어떻게 모색할 것인가 하는 문제입니다.

2. 나의 사상이 의심스럽다고?
_사상의 자유와 행복추구권

우리는 하루에도 수천 번 넘게 여러 가지 생각을 하며 살아갑니다. '생각은 자유'라는 말도 자주 씁니다. 인류의 진보는 사상의 발전을 통해 이루어졌어요. 새로운 사상들은 때로는 구시대의 생각을 가진 집단이나 사람들로부터 괴물 취급을 받기도 했습니다.

그렇다면 사상이란 무엇일까요. 사상은 인류가 살아오면서 가지게 된 여러 생각과 사유라고 할 수 있어요. 고려 시대에는 불교적 세계관이 주류였고 조선 시대에는 유교적 세계관이 다른 세계관을 압도했어요.

물론 그 자체가 문제는 아니에요. 하지만 주류가 된 세계관이 다른 사상과 생각을 배척하고 탄압한다면 문제가 되겠지요. 조선 시대에 유학이 아닌 도교나 불교의 생각을 갖는 사람들은 혹독한 탄압과 사상 검증을 받아야 했으며 세상의 비난을 견뎌야 했습니다. 조선에서는 유학 외에 다른 생각은 허용되지 않았고 사상의 선을 넘는다는 것은 죽음까지 각오해야 하는 일이었어요. 따라

분서갱유를 묘사한 18세기 그림.

서 유학을 따르는 유학자만이 선비이며 군자였고 도리를 아는 인간으로 평가를 받았어요. 다른 사상에 관심을 가지는 일은 절대로 용납할 수 없는 일이었습니다.

중국에서 천하를 통일하며 이름을 떨친 진시황도 사상 탄압으로 악명을 떨쳤어요. 진나라의 분서갱유는 정치적 비판을 용납하지 않겠다는 생각에서 나왔어요. 진나라가 허용하지 않는 생각을 탄압하며 수많은 서적을 불살라 버렸습니다. 진시황의 생각과 다른 생각을 하거나 관심을 갖는 것은 죽어 마땅한 죄가 되었고 가장 잔인한 형벌을 받았습니다. 살아 있는 채로 땅 속에 매장되어 죽어야 했어요.

그런데 이런 분서갱유가 진나라 이후로는 사라졌을까요. 나의 내면의 생각을 들여다보겠다며 침묵할 자유마저 박탈하고 국가 권력이 지침을 마련해서 선을 그어 놓고 나의 사상을 검증하려 든다면, 그 역시 분서갱유와 다르지 않습니다.

이런 말도 안 되는 일들이 역사 속에서 자주 일어났어요. 일제 강점기에 일제는 일본제국주의에 대한 맹목적 충성을 강요했고 그에 반대하는 어떤 생각도 가질 수 없도록 조선인들을 강력히 통제했어요. 황국신민으로서의 정체성을 가지고 스스로를 일본

인으로 생각하라고 강요했어요.

우리나라는 해방 이후에 「제헌 헌법」*을 만들고 친일파들을 처벌하려고 했습니다. 「제헌 헌법」 제101조는 "이 헌법을 제정한 국회는 단기 4278년 8월 15일 이전의 악질적인 반민족 행위를 처벌하는 특별법을 제정할 수 있다."고 하여 친일파들이 대한민국 정부의 공직을 차지할 수 없도록 「반민족 행위 처벌법」을 제정하려 했어요.

그렇지만 친일파들은 「반민족 행위 처벌법」 제정에 앞장서는 국회의원들을 공산당이라고 몰아붙이며 집요하게 방해 공작을 펼쳤습니다. 이후 「반민족 행위 처벌법」에 따라 검거된 자들은 반공('공산주의에 반대한다')을 내세워 자신들의 죄를 합리화했으며 '반민족 행위 처벌법 재판'은 유야무야되고 그들을 병보석* 등으로 석방하기도 했어요.

반공이라는 사상 검열 앞에서 일제의 잔재를 청산하지 못하고 오히려 부역자(국가에 반역이 되는 일에 동조하거나 가담한 사람)들에게 힘을 실어 주기도 했습니다. 일제의 앞잡이 노릇을 한 고문 기술자들은 해방 이후에도 공산주의를 모르는 사람에게도 반공을 내세워 가혹하게 탄압하며 호사를 누리며 살았습니다.

과거 우리나라에는 사상 전향 제도가 있었어요. 이 제도는 국제사회, 특히 유엔인권위원회에서 「세계 인권 선언」에 규정된 사상의 자유를 침해한 것이라는 지적을 받기도 했습니다. 사상 전향 제도는 자신이 가졌던 사상에 대해 스스로를 비판하는 자아비판이 핵심이었어요. 이제는 나의 사상을 버리고 딴생각을 하지 않겠다는 맹세를 해야 했습니다. 이를 거부할 경우 유례가 없는 장기 투옥이 기다리고 있었어요.

일제시대부터 시작되어 1956년 제도화되었던 이 사상 전향 제도는 양심과 사상의 자유를 침해한다는 비판을 받으면서 1998년 폐기되었습니다. 하지만 이후 준법 서약 제도가 만들어졌어요. 가석방 대상자와 보안 관찰 대상자들에게 대한민국의 체제와 법을 준수하겠다는 서약서를 작성하게 한 것이죠. 보안 관찰은 사상범의 활동 내역과 여행지 등을 담당 경찰서에 정기적으로 신고하도록 한 제도입니다. 가석방 대상자를 상대로 한 준법 서약 제도는 2003년 폐지되고, 보안 관찰 대상자를 상대로 한 준법 서약 제도는 계속 유지되다가 2019년 폐지되었습니다.

한때는 우리와 같은 분단국가였고 지금은 통일을 이루었으며 자본주의로 발전을 거듭하고 있는 독일은 어떨까요? 독일에서

2024년 현재 다수당으로 의석을 차지하고 있는 정당이 사회민주당이에요. 세계에서 가장 오래된 정당이기도 합니다.

사회민주당이라는 이 당명은 우리나라 사람에게는 다소 충격적일지도 모릅니다. 우리 사회에서 사회민주주의라는 말은 오랫동안 금기된 언어였으며 그런 표현을 쓰면 사상이 의심스럽다는 눈총을 받을 수 있었기 때문이에요. 자칫 잘못하면 과거에는 「국가보안법」 위반으로 몰릴 수도 있었으니까요. 이제는 우리나라에도 다양한 당명을 가진 정당이 나오고 있습니다.

권력자의 입맛에 맞지 않는 책을 금서로 지정하고 책을 발간하거나 읽는 사람을 처벌하거나 심지어 사형까지 시킨다면 우리는 어떻게 해야 할까요? 나와 생각이 다른 사람을 절대로 인정하지 않거나 생각이 다르다는 이유로 부당한 차별과 모욕, 무시를 견뎌야 한다면 이는 정당한 일이 될 수 없습니다. 이는 「헌법」에 보장된 인권을 침해하는 일입니다.

우리나라 「헌법」 제19조는 "모든 국민은 양심의 자유를 가진다."고 하고 있어요. 양심의 자유에는 사상의 자유가 포함되기 때문에 우리나라 「헌법」은 기본권으로서 사상의 자유를 인정하고 있습니다. 만약 사상의 자유가 없다면 사유의 자유를 빼앗긴 인간에게 행복추구권도 보장되지 않는다는 사실을 기억해야 합니다. 사상을 통제하는 것은 우리를 어둠 속에 가두고 야만적 권력에 굴종시키려는 의도입니다. 생각의 자유가 없어져 버린 자리에는 공포가 공기처럼 흡입되며 서로가 서로를 믿지 못하는 사회가 되어 버립니다.

사상의 자유는 사실상 인간의 존엄에 버금가는 기본권 중의 기본권입니다. 인간 존재는 그 특성상 생각하는 인간으로서 자신의 사유를 마음껏 펼칠 자유가 있어야 하고, 그 자유를 가지지 못한 인간은 길들여진 존재로 인간이 가진 인격적 존엄을 사실상 박탈당하게 됩니다.

우리는 표현의 자유를 당연한 것처럼 말하지만 여기에는 사상의 자유가 근간이 된다고 할 수 있어요. 언론 출판의 자유 또한 사상의 자유가 있어야 가능합니다. 또 속마음을 말하지 않을 자유도 있어야 하죠. 내 속을 들여다보겠다며 너의 마음속 생각을 모두 말하라는 것은 인간의 존엄성을 심각하게 침해합니다.

헌법재판소는 「국가보안법」의 위헌 여부를 밝힌 결정과 별도로 '별지'에서 사상의 자유에 대한 제청법원*의 입장을 밝히고 있습니다.

한 시대 또는 한 사회에서의 기존의 진리와 가치는 사상의 자유 경쟁과 도 전을 거쳐 새로운 진리와 가치로 발전 또는 창조되어 나아가는 것이고, 우리 는 이것을 역사의 발전 과정으로 인식한다. 이러한 새로운 진리와 가치의 발 전과 창조는 때로는 기존의 진리와 가치를 부정하고 극복함으로써 이루어 지는 것이므로 기존의 사상·이념에 반한다 하여 무조건 배척하거나 억제할 것이 아니라 무가치하고 유해한 사상과 이념이라고 할지라도 가급적 자유 경쟁의 시장에서 비판되고 도태되는 과정을 거치게 함으로써 건전한 국가 와 사회 체제의 기초가 형성될 수 있는 것이다. 오늘날과 같이 대중매체가 고도로 발달되고 조직화되어 사상의 전달과 형성이 인위적으로 조작 가능 한 시대에 있어서는 자유방임에 의한 경쟁원리가 그대로 통용되지 않는다 는 반론이 없는 것은 아니나, 사상의 경쟁이 자유민주주의 사회의 유지와 발 전에 있어서 필요불가결한 요소임은 부정할 수 없다.

_헌재 1996. 10. 4. 95헌가2,『판례집』8-2, 283

그렇다면 다른 나라의 「헌법」은 어떨까요? '프랑스 헌법' 제1조 1항에는 "프랑스는 모든 신념을 존중한다."는 것을 분명히 했습니 다. '프랑스 헌법 정신'에서 가장 확고히 하고자 하는 바는 모든 신념의 존중이에요. '스위스 헌법' 또한 사상에 대한 스위스 국민 의 입장을 분명히 하고 있습니다.

'스위스 헌법' 제15조(신앙과 양심의 자유)

❶ 신앙과 양심의 자유는 보장된다.

❷ 모든 사람은 자기의 신앙과 철학적 신념을 자유롭게 선택하고, 이를 독자
  적으로 또는 다른 사람과 협력을 통하여 선언할 권리를 가진다.

　스위스에서는 모든 사람이 신앙뿐 아니라 철학적 신념을 자유
롭게 선택하고 선언할 권리를 갖고 있습니다. 즉 마음속에서만 나
의 신념을 간직하는 것이 아니라 나 혼자, 또는 다른 사람들과 함
께 밖으로 표현하고 선언까지 할 수 있어요.

　사상의 자유는 민주주의의 기초이며 근간입니다. 사상의 자유
가 억압받고 감시를 받게 되면 다양한 사회 구성원의 생각은 차
단되고 소통이 불가능하게 됩니다. 사상의 자유는 소중한 우리의
기본권입니다.

3. 종교의 자유는 제한이 없는가
_종교의 자유와 사이비 종교

오래전 인도로 가는 비행기에서 인도 대학생을 만났습니다. 대학교 1학년생이고 영국과 홍콩 등을 오가며 여행도 자유롭게 하는 활기찬 학생이었습니다. 자신의 종교가 힌두교라고 밝힌 여학생은 힌두교에 대한 종교적 확신이 강했으며 다른 종교에 대해서는 배타적인 듯했습니다.

당시 인도는 종교적 분쟁과 갈등이 심각했어요. 그때에는 호텔에 들어가려면 종교적 테러를 방지하기 위해 간단한 수색을 하는 기계를 통과해야 했습니다.

종교가 인간을 위한 것인지 아니면 오히려 인간을 저주하고 서로 죽이는 명분을 만드는 것인지 알 수 없는 일이었어요. 그만큼 종교전쟁은 인류의 역사에서 오랫동안 잔인한 살육의 대명사가 되었으니까요.

우리나라는 종교의 자유를 「헌법」에 보장하고 있어요. 누구든지 자유롭게 종교를 가질 수 있으며 국가에서 하나의 종교를 강요할 수 없습니다. 대통령이 되면 『성경』에 선서를 하는 미국과는 달리 우리나라는 종교와 정치가 완전히 분리되어 있고, 대통령 등의 정치인은 특정 종교를 지지하는 일을 할 수 없습니다.

「헌법」 제20조
❶ 모든 국민은 종교의 자유를 가진다.
❷ 국교는 인정되지 아니하며, 종교와 정치는 분리된다.

종교는 때로는 맹목적 믿음을 강요하기도 합니다. 맹목(盲目)이란 한자 그대로 해석하면 '눈이 보이지 않는 것'이에요. 제대로 보지 않고 무조건 믿는 것이 제대로 된 믿음이라고 할 수 있을까요.

우리는 「헌법」에 보장된 종교의 자유에 따라 종교를 선택할 수 있습니다. 때로 다른 사람에게 개종을 권유할 수는 있지만 상대방의 종교 선택의 자유와 종교적 신념을 존중해야 합니다.

종교의 자유에는 자기가 신봉하는 종교를 널리 알리고 새로운 신자를 모으기 위한 선교의 자유가 포함되고 선교의 자유에는 다른 종교를 비판하거나 다른 종교의 신자에 대하여 개종을 권유하는 자유도 포함된다. 그러나 선교의 자유를 행사함에 있어 상대방이 가지는 종교 선택의 자유를 존중하여야 하고, 구체적인 선교 행위가 종교에 관한 정보를 제공하고 개종을 권유하는 등으로 종교 선택의 자유 발현에 조력하는 정도를 벗어나 그 목적과 방법에 있어 사회적 상당성을 잃고 상대방의 종교 선택에 관한 자유를 상실 시키는 정도에 이른 경우에는 불법행위가 성립할 수 있다.

_대법원 2022. 8. 11. 선고 2022다227688 판결
[손해배상(기)] [공2022하,1851]

종교는 신에 대한 인간의 찬탄과 경배가 주를 이루어 왔어요. 세계적으로 종교의 종류도 다양합니다. 천주교와 기독교, 불교, 이슬람교, 힌두교 등 많은 종교가 있어요. 종교를 이야기하면 떠올리게 되는 장면들은 기도와 찬송, 그리고 교황이나 신부, 목사, 스님, 달라이 라마 같은 영적 지도자들입니다.

종교는 성스럽고 신성하게 다가오기도 하지만 종교를 둘러싼 불관용, 갈등과 대립 그리고 독선과 편견은 우리를 불안하게 만들기도 합니다. 그러나 태도를 바꾸어 다른 종교에 대한 관용과 이해를 가진다면 오히려 내가 믿는 종교를 더욱 깊이 이해하게 되고 종교적 평화를 가져옵니다.

그렇다면 종교는 무엇일까요. 종교학자인 오강남 선생님은 종교를 정의하는 것은 불가능에 가깝다고 하며, 그 이유는 나라마다 문화적, 종교적 관점 등이 달라서 서로 다른 정의를 제시하기

때문이라고 했어요. 종교는 지금 우리가 살고 있는 세상뿐 아니라 인간이 보지 못한 세계, 죽음과 죽음 이후의 세계까지 이야기합니다.

고대에는 지금보다 더 많은 신들이 있었습니다. 이집트의 태양신, 공기의 신, 하늘의 신 등은 어찌 보면 고대 이집트인들이 세상을 이해하는 방식이기도 했습니다. 이집트의 마지막 파라오인 클레오파트라도 이시스 여신의 현신으로 여겨졌어요.

마야 문명의 핵심에는 옥수수신이 존재하고 있었어요. 그리스 · 로마의 신들도 우리에게 익숙하죠. 인간과 종교의 관계는 뿌리가 깊고 종교는 우리들의 삶에 전방위적으로 영향을 미치고 있어요. 종교의 자유는 다른 종교에 대한 진정한 존중이 근간이 될 때 실질적으로 실현될 수 있습니다.

하지만 종교의 자유에도 제한은 있습니다.

「유럽인권협약」 제9조 제2항
자기의 종교 또는 신념을 실현하는 자유는 법률에 규정되고, 공공의 안전, 공공질서, 보건, 또는 도덕, 또는 타인의 권리 및 자유의 보호를 위하여 민주사회에 있어서 필요한 경우에만 제한받을 수 있다.

이집트 신화 속 태양신 라(Ra)의 모습.

「유럽인권협약」에서도 종교의 자유는 제한을 받고 있어요. 우리 「헌법」에 보장된 종교의 자유도 사이비 종교까지 포함하는 것은 아닙니다. 사이비 교주로 인해 많은 사람들이 고통을 당하는 일은 끊임없이 일어나고 있어요. 법원의 판례 중에는 사이비 교주로 인해 어머니와 딸, 며느리까지 성폭행을 당했으며 가정이 파탄나고 생명과 안전에 심각한 위해를 입은 사건이 있었습니다.

피해 여신도들 중에는 의사나 대기업 간부 등 고학력의 지식인도 일부 포함되어 있고, 일부 여신도들은 피고인의 만행이 낱낱이 드러난 마당에도 매일같이 법정에 나와 피고인을 위해 기도하는 등 여전히 피고인을 추종하고 있으며, 일부 신도는 '딸이 피고인과 그 추종자들에 대한 두려움으로 아직까지도 피고인의 그늘에서 벗어나지 못하고 있다'며 재판부에 탄원하고 있다. 가족의 안녕을 빌미로 한 피고인의 지속적인 세뇌가 얼마나 무서운 결과를 야기하는지 충분히 짐작할 수 있는바, 범죄 예방의 측면에서도 피고인을 엄벌하여 피고인의 영향력 아래에 놓여 있는 사람들을 보호할 필요가 있다.
  _신도들에게 무면허 의료행위를 한 사이비 교주에게 중형을 선고한 사례, 서울서부지방법원

교주를 하나님 또는 신으로 부르며 맹목적이며 헌신적인 충성을 강요하는 사이비 종교는 어제 오늘의 일이 아닙니다. 사람들의 심리를 교묘하게 파고들며 기승을 부리고 있어요. 사이비 종교는

종교의 외피를 두르고 있다고 하더라도 우리 「헌법」에 의해 보장되는 종교라고 할 수 없어요.

사이비 종교는 공공의 이익과 질서를 해치고 범죄 행위를 종교 행위로 포장하고 있습니다. 일본에서는 사이비 교주가 지시하여 벌인 지하철 테러로 29명이 생명을 잃고 6500여 명이 부상당한 일이 있었습니다. 얼마 전 아프리카에서 수십 구의 시신이 발견된 일이 있는데, 그들은 모두 자살한 것으로 밝혀졌지만 그 배후에는 사이비 교주가 관련된 것으로 드러났어요.

사이비 종교는 교주와 야합한 세력들이 신도들을 모으고, 모여든 사람들에게 차마 인간으로 할 수 없는 성폭력, 강간, 살인, 사기, 금품 갈취 등의 범죄를 신의 이름으로 서슴지 않고 저지릅니다. 사이비 종교는 이웃을 사랑하지 않습니다. 사이비 종교는 종교를 사칭해 잔악한 범죄를 일삼으며 오랫동안 맹목적 믿음을 강요합니다. 특히 청소년과 청년 들의 순수함과 사회에 대한 두려움을 이용합니다.

자신을 신이라 말하는 인간은 더욱 경계해야 합니다. 진짜 신이라면 자신을 신이라고 강조할 이유가 없을 거예요.

저명한 정치이론가인 한나 아렌트는 사람은 생각을 해야 한다고 말했습니다. 종교라 할지라도 스스로 생각하고 스스로 판단해야 합니다. 모든 사이비 종교는 올바른 생각과 판단을 가로막으며 신도에 대한 지배력을 가져왔어요.

우리는 느닷없이 마수처럼 손을 뻗어오는 사이비 종교의 위험에 대비해야 합니다. 그러기 위해서는 다른 사람에게 나 대신 생각과 판단을 해 달라고 해서는 안 됩니다.

우리는 무엇보다 스스로 생각을 해야 하고, 생각을 해야 우리 자신을 지킬 수 있습니다. 한나 아렌트는 사유하고 판단하지 않는 시민에게 자유는 없다고 했습니다. 사유하고 판단하지 않는 시민에게는 종교적 자유도 없습니다.

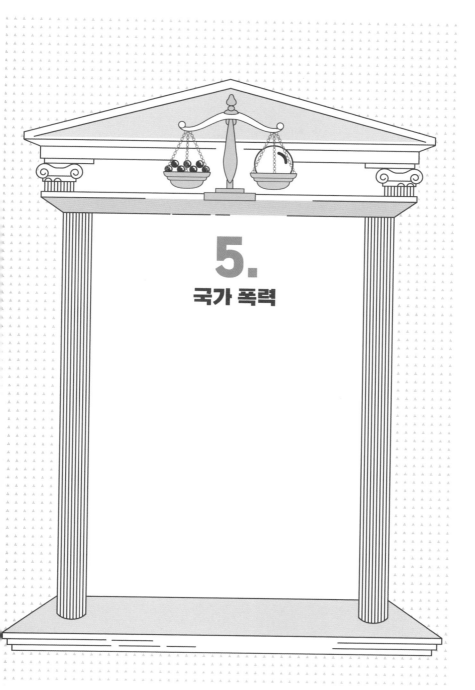

5.
국가 폭력

1. 국가가 국민을 죽일 수 있을까?
_국가 폭력과 국가의 책무

1947년 3월 1일, 무장 경찰이 무고한 군중을 향해 총을 쏘았다.

1947년 3월 1일 제주도에서는 3·1절 기념행사가 제주도 북국민학교에서 열렸습니다. 오후 2시에 기념행사가 끝나자 제주 사람들은 모여서 가두시위를 했습니다. 가두시위는 길거리에서 하는 시위를 말합니다. 그런데 시위 도중 기마경찰의 말발굽에 어린아이가 차여 다치는 일이 있었습니다. 당연히 군중들은 항의했지요. 그러자 느닷없이 무장 경찰이 군중을 향해 총을 쏘았고, 주민 6명이 사망하고 많은 부상자가 발생했어요. 제주는 들끓었고 제주 도민들의 격렬한 항의가 이어졌어요.

이후 제주 도민에 대한 가혹한 탄압이 시작됐습니다. 급기야 1948년 4월 3일에는 무장 투쟁이 일어났습니다. 이런 상황에서 국방 경비대 김익렬 연대장과 무장 투쟁 책임자인 김달삼은 어떻게든 이 상황을 평화롭게 해결하기 위해 4·28 평화협상에 합의했습니다. 하지만 이들의 노력은 실패로 돌아가고 김익렬 연대장은 해임됩니다.

5월 6일 후임으로 임명된 일본군 출신 박진경은 제주 도민 30만 명을 다 죽여도 좋다며 무자비한 초토화 작전으로 수많은 제주 도민을 무참히 학살했습니다. 당시 우리나라는 해방되었지만 미 군정 치하에서 친일 경찰 등 친일파들이 그대로 남아서 위세를 부렸고, 이에 저항한 제주 도민들의 외침은 공권력에 의해 잔인하게 짓밟혔습니다.

박진경은 도민 학살 이후에 승진을 했고 축하연까지 열었습니다. 축하연이 열리던 그날 밤 박진경은 그의 무자비한 제주 도민 학살을 응징하기로 뜻을 모은 문상길 중위 등 부하 군인들에 의해 암살되었습니다. 암살에 가담한 군인은 처형을 당했습니다.

다음은 문상길 중위의 최후 진술*입니다.

"이 법정은 미군정의 법정이며 미 군정장관 딘 장군의 총애를 받던 박진경 대령의 살해범을 재판하는 인간들로 구성된 법정이다. 우리가 군인으로서 자기 직속상관을 살해하고 살 수 있으리라고 생각하지 않는다. 죽음을 결심하고 행동한 것이다. 재판장 이하 전 법관도 모두 우리 민족이기에 우리가 민족 반역자를 처형한 것에 대하여서는 공감을 가질 줄로 안다. 우리에게

총살형을 선고하는 데 대하여 민족적인 양심으로 대단히 고민할 것이다. 그러나 그런 고민은 할 필요가 없다. 이 법정에 대하여 조금도 원한을 가지지 않는다. 안심하기 바란다. 박진경 연대장은 먼저 저세상으로 갔고, 수일 후에는 우리가 간다. 그리고 재판장 이하 전원도 저세상에 갈 것이다. 그러면 우리와 박진경 연대장과 이 자리에 참석한 모든 사람들이 저세상 하느님 앞에서 만나게 될 것이다. 이 인간의 법정은 공평하지 못해도 하느님의 법정은 절대적으로 공평(公平)하다. 그러니 재판장은 장차 하느님의 법정에서 다시 재판하여 주기를 부탁한다."

_제주의 소리(http://www.jejusori.net)

문상길 중위는 22살의 나이에 "한국 민족을 학살하는 한국 군대가 되지 말아 달라!"는 말을 남기고 세상을 떠났습니다. 일본 제국주의로부터 해방되었다고 기뻐했는데 해방된 이후에도 한국인들은 죽음으로 내몰렸어요. 미 군정이 끝나고 대한민국 정부 수립 이후인 이승만 정부에서도 제주도민에 대한 탄압은 계속되었고, 1954년까지 이어집니다. 당시 제주 도민의 10분의 1에 가까운 3만여 명이 죽었습니다. 그중에는 태어난 지 얼마 안 된 아기들도 있었어요.

제주는 거대한 감옥이었어요. 제주 4·3 사건은 한국전쟁 다음으로 가장 많은 희생자를 만들었어요. 그런데 왜 우리는 그동안 제주의 고통을 모르고 지내 왔을까요. 국가가 오랜 세월 침묵을 강요했고 자신의 범죄 행각을 감추려 했기 때문입니다. 뒤늦게 잘못을 시인하고 진상 규명과 명예 회복을 위한 특별법을 만들었지만, 국가의 책무를 더욱 확실히 해야 한다는 여론이 많습니다.

「제주 4·3사건 진상규명 및 희생자 명예회복에 관한 특별법」 제2조 1
제주 4·3사건이란 1947년 3월 1일을 기점으로 1948년 4월 3일 발생한 소요 사태 및 1954년 9월 21일까지 제주도에서 발생한 무력 충돌과 그 진압 과정에서 주민들이 희생당한 사건을 말한다.

1980년 5월 광주에서도 제주처럼 국가에 의한 잔인한 학살이 일어났어요. 국가가 무고한 시민을 학살한 국가 폭력이었습니다. 이에 맞선 시민들의 항쟁을 5·18 민주화 운동이라고 합니다. 국가가 어떻게 이런 일을 했는지 믿어지지 않겠지만 생존자들의 증언과 그날의 현장을 취재한 역사적 증거들이 그 아픔을 생생히 증언하고 있습니다.

국가의 잔인한 폭력으로부터 살아남은 생존자들은 오랜 시간 트라우마에 시달려야 했어요. 힘들게 키운 자식이 도청을 지키고 있다가 끌려가서 생손톱을 다 뽑히는 고문을 당한 것을 보게 된

5·18 민주화 운동을 묘사한 부조 조형물.

어머니의 피눈물을 어떻게 말로 표현할 수 있을까요. 친구만 사지로 내몰 수 없다며 맞서 싸우던 고등학생 아들이 행방불명되었습니다. 부모님은 아들이 죽었을지도 모른다며 시체를 찾아 헤맸는데 그 심정은 어땠을까요. 국가에 대한 지금까지의 헌신과 사랑이

공포와 배신, 가슴을 찢는 아픔으로 다가왔을 겁니다.

　광주에서 무고한 시민들이 학살을 당하다가 급기야 총을 들며 저항했을 때 서울에서는 그 누구도 이런 사실을 알지 못하고 텔레비전을 보며 즐거운 하루를 보내고 있었어요. 광주는 외롭게 사투를 벌였고 광주 시민들은 군사독재가 장악한 국가의 손아귀에서 죽어 가고 있었습니다.

국가는 범죄와 무관할까요? 국가와 정부는 잘못을 저지를 수 없는 완전한 존재라고 생각하나요? 국민은 피해를 당하는 경우에도 오로지 인내로서 국가에 충성해야 할까요? 여러 가지 질문이 쏟아집니다.

국가가 선량하게 살아온 사람들을 하루아침에 범죄자로 만들고 죽이거나 감옥에 집어넣어 오랜 기간 고통의 세월을 보내게 한 후에도 전혀 반성하지 않았던 일이 있었습니다. 오히려 살인과 조작의 당사자들은 자신들의 죄를 은폐해 버렸습니다.

그러나 국가도 국민에게 「헌법」과 법에 어긋난 행위를 했으면 범죄를 저지른 것이고 가해자가 되는 것입니다. 국가도 자신의 범죄에 대해서 책임을 져야 합니다. 이제 4·3 제주 사건과 5·18 민주화 운동에 대해서 국가가 사죄했지만 억울하게 죽은 국민과 그 가족들의 삶은 보상받을 길이 없습니다.

우리는 국가라는 추상적인 존재가 나와는 거리가 먼 보이지 않는 거대한 권력으로 느껴질 때가 있습니다. 그렇지만 독재정권이 국가 권력을 장악했을 때는 길 가던 학생의 가방을 마음대로 뒤지는 것이 일상이었습니다. 시위대 옆에 우연히 서 있던 중학생은 아무 잘못한 일이 없었는데도 사복 경찰에게 발길질을 당했습니다. 국가는 독재정권을 위해 길 가던 시민의 신체의 자유를 침해하고 금서 목록을 만들어 사상의 자유를 탄압했습니다.

이제 우리는 일제 강점기부터 지금에 이르기까지 국가가 무엇인지를 묻지 않을 수 없습니다. 우리에게는 묵묵히 민주주의를 위해 싸워 온 수많은 시민이 있었습니다. 「헌법」을 수호하려고 노력한 시민들 덕분에 우리의 민주주의가 지켜지고 있습니다.

2. 고문은 어떻게 인간을 파괴했는가
_헌법 정신과 인간의 존엄성

우리의 역사에는 가슴 아프게도 고문에 의해 희생된 수많은 사람들이 있습니다. 일본 제국주의에 맞섰던 독립투사들, 어부로 생계를 위해 배를 탔다가 납북되어 겨우 돌아왔으나 간첩으로 내몰렸던 선량한 시민들, 민주주의를 위해 싸우던 학생들과 시민들까지 고문의 잔혹한 역사는 계속되었습니다.

누구나 피의자˙가 되면 고문을 받을 수 있다고 가정한다면 그런 상상만으로도 얼마나 끔찍한 일이겠어요. 피의자는 재판에 의해서 유죄와 무죄가 결정되는 것이지 아직은 범죄자가 아닙니다. 그런데 피의자에게 자백을 강요하기 위해서 구타에 물고문, 전기고문을 하고, 허벅지를 짓이기는 고통을 가하거나 심지어 성고문까지 온갖 고문을 통해 자신들이 정한 대답이 나올 때까지 수단과 방법을 가리지 않는다면, 이는 명백히 인권 침해이며 가장 잔인한 범죄입니다.

한 유명한 영화에서 주인공 형사가 범죄 혐의자에게 말합니다. "진실의 방으로." 이 방에 들어가면 닫힌 입이 열리고 자백이 저절로 나오는 방이라고 하는데, 사실 그 안에서 폭력 행위가 이루어졌음을 짐작할 수 있지요. 영화에서는 '진실의 방'이 관객들을 속 시원하게 할지 몰라도 현실에서 진실의 방은 범죄입니다.

2002년 '서울지검 피의자 고문치사 사건'이 있었습니다. 조직 폭력범들의 살해 사건을 수사하는 과정에서 담당 검사와 수사관들의 가혹행위로 피의자가 사망한 사건입니다. 과학수사와 객관적 증거를 확보하는 수사보다는 자백을 강요하며 피의자에게 가혹행위를 해 온 잘못된 수사 관행이 불러온 참담한 범죄였어요.

아무 죄 없는 십 대 청소년이 경찰의 가혹행위로 살인자의 누명을 쓰고 무려 10년간 실형을 살다가 재심으로 누명을 벗은 일도 있었습니다. '약촌오거리 사건'으로 널리 알려져 있지요. 살인 사건과 관련이 없는 선량한 시민은 엄청난 고문으로 허위 자백*을 할 수밖에 없었고 살인마라는 오명을 뒤집어쓴 채 억울한 옥살이를 해야 했습니다.

수사를 통해 범죄자를 검거하는 것은 국가와 국민을 위해 꼭 필요한 일입니다. 그리고 실체적 진실을 규명하는 과정은 「헌법」과 법률에 의한 것이어야 합니다.

고문은 역사적으로 오랫동안 은밀하게 사용되었고 인류에게 공포를 불러일으켰어요. 인류가 오랫동안 추구한 인간의 존엄을 가장 잔인하고 직접적으로 침해하는 범죄가 고문입니다. 법무부에서는 고문을 "처벌을 목적으로, 자백이나 정보를 이끌어 낼 목적으로, 또는 가학적인 쾌락을 얻을 목적으로 사람의 신체나 정신에 대하여 격심한 고통을 가하는 행위"라고 정의했어요.

우리의 「헌법」은 고문을 금지하고 있으며 불리한 진술을 강요당하지 않도록 하고 있어요. 또한 정식 재판에서 피고인의 자백이 그에게 불리한 유일한 증거일 때에는 유죄의 증거로 삼거나 이를 이유로 처벌할 수 없습니다. 자백만 있고 실질적인 증거가 없으면 처벌할 수 없다는 것입니다. 또 「형법」에 의해 재판, 검찰, 경찰, 기타 인신 구속°에 관한 직무를 수행하거나 보조하는 자가 그 직무를 수행하면서 형사 피의자°에게 폭행이나 가혹 행위를 하는 경우 처벌하도록 되어 있어요.

그렇지만 오랫동안 고문 등의 가혹 행위는 근절되지 않았어요. 예컨대, 일본 제국주의 치하에서 고문기술자로 독립투사들을 감금하고 고문하는 것으로 악명 높았던 노덕술은 일제에게 훈장까지 받았어요. 해방된 이후에도 경찰로서 직위를 유지하면서 국

박종철을 고문한 남영동 대공분실 독방.

가로부터 훈장을 3개나 받았습니다. 일제로부터 독립한 후에도 친일파들이 청산되지 못했으며 「헌법」에 금지된 고문은 사라지지 않았어요.

특히 남산에 있던 중앙정보부 등에서 1960년대에서 1980년 대까지 고문과 인권 유린이 무자비하게 자행되었어요. 국민들은 한동안 남산이라는 이름만 떠올려도 고문이 떠올라 치를 떨 정도였어요. 1987년에는 대학생이던 박종철을 경찰이 불법 체포하여 남영동 대공분실에서 물고문, 전기 고문을 가하다가 사망케 한 '박종철 고문치사 사건'이 있었습니다. 우리에게 잊을 수 없는 아픈 역사입니다. 가해자들은 조직적인 거짓말로 사건을 조작하고 은폐하려 했지만 결국 진실은 세상에 드러났어요. 시민들은 고문 없는 나라를 외치며 박종철을 살려 내라며 분노했고, 그것은 꺼지지 않는 불길이 되어 6월 민주항쟁으로 이어졌어요.

고문은 없던 일을 조작하고 진실을 감추는 데 주로 사용되었습니다. 근대 형법의 아버지라 불리는 체사레 베카리아는 그의 책 『범죄와 형벌』에서 단호히 말했습니다. 법의 관점에서 죄가 입증되지 않은 사람은 모두 무죄이며, 고문과 같은 진실 테스트는 치명적 결함이 있고 식인종에게나 어울리는 것이라고 말입니다.

국제적으로도 고문은 금지되어 있습니다.

「고문 및 그 밖의 잔혹한, 비인도적인 또는 굴욕적인 대우나 처벌의 방지에 관한 협약」제1조
이 협약의 목적상 "고문"이라 함은 공무원이나 그 밖의 공무 수행자가 직접 또는 이러한 자의 교사·동의·묵인 아래, 어떤 개인이나 제3자로부터 정보나 자백을 얻어 내기 위한 목적으로, 개인이나 제3자가 실행하였거나 실행

한 혐의가 있는 행위에 대하여 처벌을 하기 위한 목적으로, 개인이나 제3자를 협박·강요할 목적으로, 또는 모든 종류의 차별에 기초한 이유로, 개인에게 고의로 극심한 신체적·정신적 고통을 가하는 행위를 말한다. 다만, 합법적 제재 조치로부터 초래되거나, 이에 내재하거나 이에 부수되는 고통은 고문에 포함되지 아니한다.

　　고문은 피해자가 약자이거나 사회적, 경제적으로 힘이 없는 경우에 더 많이 발생했어요. 고문은 극심한 고통으로 피해자의 모든 것을 잔혹하게 파괴하고 죽음으로까지 몰아갔습니다. 고문은 인류가 추구하는 인간의 존엄성을 철저히 말살했으며 헌법 정신을 무너뜨렸어요.

　　우리나라 「헌법」과 「형법」, 「형사소송법」에서 고문은 범죄라는 것을 명확히 하고 있습니다. 하지만 법 집행이 제대로 이루어지고 있는지에 대해 국민들이 관심을 기울이지 않는다면 고문은 언제고 되살아날 것입니다. 우리가 인간의 존엄성에 대한 헌법 정신을 각인하지 않는다면 언제 또다시 고문으로 죽어 나가는 사람들이 생겨날지 모를 일입니다.

3. 사형을 둘러싼 뜨거운 논쟁
_응보와 정의, 그리고 생명권

참혹한 범죄는 왜 일어나는 것일까요. 우리나라는 치안이 잘 유지되는 나라라고 모두가 자부했어요. 그렇지만 최근 '묻지마 살인'이 연이어 일어나고 흉기 난동으로 죄 없는 시민들이 다치고 목숨을 잃었습니다.

잔인한 범죄가 일어날 때마다 많은 시민들이 사형을 실시하라고 강력하게 주장합니다. 반면에 사형제는 완전히 폐지되어야 한다는 목소리도 뜨겁습니다. 우리나라는 「형법」에 사형이 법률상 존재하고 법정에서 사형을 선고하기도 하지만 1997년 마지막 사형을 집행한 이후 아직까지 사형을 집행하지 않아 실질적 사형 폐지국입니다.

그럼, 「형법」에 있는 사형을 집행해야 할까요. 아니면 사형제를 폐지해야 할까요. 이 문제는 비단 법률의 문제만이 아니라 인간 존재에 대한 근원적인 질문과 연관되며 종교적, 철학적 문제이기도 합니다.

그렇다면 헌법재판소에서는 사형을 어떻게 보았을까요. 헌법 재판소에서 사형에 대한 위헌 법률 심사°가 두 차례 있었고 모두 합헌으로 결정됐어요.

2010년 헌법재판소 결정에서 합헌의 이유를 이렇게 밝혔습니다.

사형은 일반 국민에 대한 심리적 위하를 통하여 범죄의 발생을 예방하며 극악한 범죄에 대한 정당한 응보를 통하여 정의를 실현하고, 당해 범죄인의 재범 가능성을 영구히 차단함으로써 사회를 방어하려는 것으로 그 입법 목적은 정당하고, 가장 무거운 형벌인 사형은 입법 목적의 달성을 위한 적합한 수단이다.

_헌재 2010. 2. 25. 2008헌가23, 『판례집』 22-1상, 36

즉 사형을 집행함으로써 범죄자는 사망하게 되고 당연히 사회로부터 영구히 차단되는 것이기에 우리 사회를 극악한 범죄로부터 방어할 수 있다는 것입니다.

그러나 소수의견에서는 위헌이라는 주장도 제기되었어요. 사형을 인간의 존엄과 가치, 생명권을 보장하는 「헌법」에 적합한 수단으로 인정할 수 없다는 입장이었습니다.

우리 국민의 고민과 헌법재판소의 고민이 크게 다르지 않아요. 그렇다면 철수와 영희의 가상 대화를 들어 보겠습니다.

철수 사형은 제도적인 법에 의해 만든 또 다른 살인이라고 생각해. 사형은 인간의 존엄을 실현해야 할 우리 「헌법」에서 있을 수 없는 인간 생명의 침탈이야.

영희 '묻지마 살인'에 의해 죽어 간 사람들을 생각한다면 잔혹한 범죄를 저지른 범죄자는 사형을 시키는 게 마땅해. 사형이나 무기징역으로 판결이 나더라도 가석방으로 풀려나서 잔인한 범죄자가 나의 이웃으로 살 수도 있잖아. 생각만 해도 끔찍한 일이야. 살인마는 우리 사회에서 영구적으로 격리되어야 하고 그럴 수 있는 방법은 사형밖에 없어. 무엇보다 피 같은 국민의 세금으로 흉악한 살인마가 밥을 먹고 잠을 자는 것이 화가 나.

철수 베카리아는 『범죄와 형벌』에서 사람이 무슨 권리로 자기 이웃의 목을 벨 수 있는가를 물었고, 사형이라는 형벌은 허용될 수 없으며 국가가 한 명의 국민을 대상으로 벌이는 전쟁이라고 했어. 베카리아는 사실상 사형이 집행돼서 얻는 효과를 의심했지. 게다가 한번 사망한 사람은 되살릴 수 없다는 점을 생각해야 하지 않을까. 화성 연쇄살인 사건의 살인마로 몰려 억울한 옥살이를 했던 윤여성 씨는 진범의 자백 이후 재심을 통해 32년 만에 무죄를 받았잖아. 만약 재심이 열리기 전 사형이 집행되었다면 얼마나 억울한 일이겠어. 아직도 오판에 의해 억울하게 범죄자로 몰리는 사람들이 있어. 또한 공안 정국에서는 많은 사람들이 간첩으로 몰려 사형선고를 받았고 세월이 흘러 재심에 의해 무죄 판결을 받았지. 그러나 이미 사형을 당했기에 그들의 생명을 되돌릴 수가 없잖아.

영희 예전과는 달리 이제는 과학수사 기법이 발달해 점점 더 오판이 줄어들고 있어. 극소수의 잘못된 판결을 가지고 모든 법원의 판결에 누명을 씌우는 것은 법치주의 국가에서 있을 수 없는 일이지. 오판을 이유로 사형을 집행하지 않겠다는 것은 의사의 치료가 오진일 수 있기 때문에 치료를 거부하는 것과 다를 바가 없다고 생각해. 게다가 극악한 범죄가 시민들의 삶을 위협하고 있고 국민들은 흉악한 범죄에 공포를 느끼고 있어. 이와 같은 범죄를 예방하려면 사형과 같은 단호한 처벌이 필요해. 사형을 집행하면 범죄의 억제력을 가질 수 있고 흉악 범죄가 많이 줄어들게 될 거야.

철수 사형으로 인해 범죄가 억제되었다는 주장은 실질적인 통계로 설득력을 잃고 있어. 범죄 억제나 예방을 위해 사형을 집행해서 본보기를 보여 주기보다는 다른 형사 정책을 통해 범죄 예방을 해야 효과가 있을 거야. 이제는 사형제에 대한 사형 선고가 필요한 때가 왔어.

사형제에 대한 찬반 논란이 뜨겁습니다. 사형제를 폐지하자는 의견보다는 사형을 집행하라는 의견이 높은 것이 사실입니다. 그렇지만 사형제를 폐지한 국가들이 단순히 여론에 의해 사형제를 폐지한 것은 아니에요.

여러분은 어떤 판단을 하고 있나요. 사형제 존치 또는 사형제 폐지 그리고 대체 입법* 등에 대한 우리의 결단이 필요한 때입니다. 대체 입법도 가석방을 할 수 있는 상대적 종신형과 가석방 없는 절대적 종신형으로 구분되고 있어요. 독일, 영국, 프랑스, 이탈리아, 스웨덴 등 유럽 국가들은 '상대적 종신형'을 도입하고 있습니다. 물론 이에 대해서도 논란이 많은 것이 사실입니다.

사형은 국가 공권력의 힘으로 인간이 인간에게 주는 최고형이에요. 우리 역사에는 정치적 숙적을 제거하기 위해 독재자가 사법 살인*을 도모했던 일도 있었어요. 생명을 죽이면 다시 살릴 수 없기에 사형에 대한 법의 존치나 폐지의 결정은 매우 신중해야 합니다.

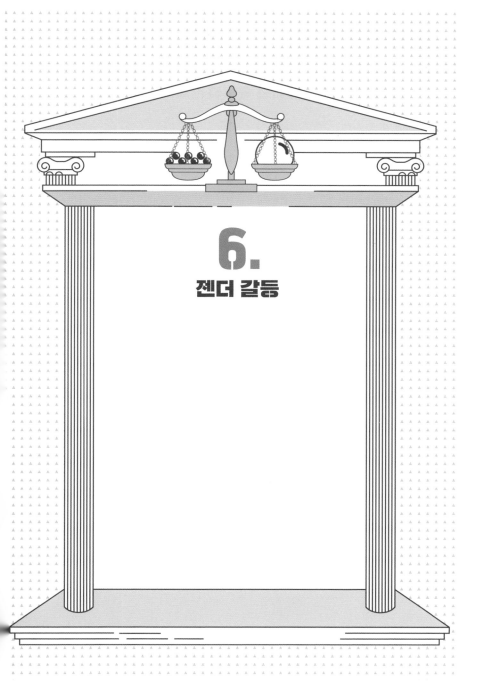

6.

젠더 갈등

1. 남자와 여자는 무엇으로 구분하는가
_생물학적 존재와 사회·문화적 존재

젠더라는 말을 이제는 보편적으로 사용하고 있어요. 예전에는 남녀평등이라고 했다가 양성평등으로, 다시 성평등으로 쓰이고 있습니다. 법률 용어도 이와 같은 흐름을 반영해서 「양성평등기본법」이 「성평등기본법」으로 개정되었어요.

남녀와 양성과 성의 차이가 도대체 뭘까요. 또 법원의 판결문에서는 젠더를 어떻게 보고 있을까요.

먼저 남녀는 우리가 잘 알고 있는 것처럼 그야말로 남자와 여자를 말하는 것이죠. 양성이라고 말할 때는 성을 두 개의 성으로 보고 있는 것이며, 그것은 남성과 여성의 두 가지 성을 지칭하고 있어요.

또한 성에 대한 고정관념이 있었습니다. 남성과 여성은 하는 일이 다르고 삶의 영역이 다르며 심지어는 지적 능력에서도 차이가 난다는 주장이 많았습니다. 우리가 알고 있는 아리스토텔레스, 헤겔, 루소, 마키아벨리 등도 이런 생각에 한몫을 했어요.

루소는 여성을 남성에게 교태를 부리는 존재로 인식하며 여성이라면 자신보다 우월한 남성에게 매력적으로 보여야 한다는 것을 강조했습니다. 한마디로 여자는 예뻐야 하고 성적 매력이 있어야 한다는 것이죠. 헤겔은 여성이 정치를 하면 국가는 위기에 빠진다고 했습니다. 암탉이 울면 나라가 망한다는 것의 또 다른 표현인 셈이죠. 오랫동안 사람들은 정치 등을 비롯한 공적 영역에서 여성이 남성에 비해 열등하다는 잘못된 인식을 비판없이 받아들여 왔습니다. 남성 중심의 사회에서 여성을 열등한 존재로 만든 것이죠.

부인을 너무나 사랑해서 애처가로 유명했던 존 스튜어트 밀은 남녀평등이 인류의 진보에 필수적이며 부부간의 우정에도 기여한다고 생각했어요. 『여성의 예속』이라는 책에서 한 성의 다른 성에 대한 예속은 인류 발전을 저해한다며 당시로서는 혁명적인 여성의 참정권을 주장했습니다. 그러나 밀은 직업을 가질 수 있는 여성을 독신 또는 자녀를 다 키운 여성으로 제한했어요.

실제로 여성과 남성의 성별 차이는 인류에게 가장 오래된 불평등을 가져왔습니다. 오랫동안 여성은 자신의 직업이나 재산, 투표권을 가질 수 없었고, 오로지 허용되는 영역은 가사노동과 육아와 같은 사적 공간이었어요.

여성에 대한 차별적 논의에 용감하게 반기를 든 여성은 최초의 여성주의자로 알려진 메리 울스턴크래프트였습니다. 울스턴크래프트는 여성에 대한 교육을 강조했습니다. 루소가 『에밀』에서 에밀의 교육을 말한 것처럼 에밀의 배우자가 된 소녀 소피도 교육을 받아야 하고 남성과 동등한 시민권을 가져야 한다고 주장했어요. 울스턴크래프트는 루소를 비판하며 "그토록 유창하고 열렬하게 영혼의 불멸을 주장한 사람이 남녀가 서로 다른 영혼을 갖고 있다고 말하는 건 자기 원칙에 어긋난다."라고 말하며 여성에게도 남성과 다름없는 영혼이 있다는 점을 분명히 선언했습니다.

그 후 시몬 드 보부아르가 『제2의 성』을 통해 "여자는 태어나는 것이 아니라 만들어지는 것이다."라는 주장을 제기했죠. 우리는 여성과 남성으로 '태어나는' 것이었는데 여성으로, 남성으로 '만들어지고' 있다는 생각은 당시로서는 굉장히 혁명적인 것이었어요. 보부아르는 여성 연대를 강조했으며 신체적 차이는 본질이 아니라고 주장했습니다.

여성에 대한 고정관념으로 외모에 대한 문제가 있어요. 바로

최초의 여성주의자로 알려진 메리 울스턴크래프트.

못생김의 역사예요. 오랫동안 여성은 두 부류로 구분지어졌어요. 예쁜 여자와 못생긴 여자죠. 예쁜 여자는 모든 것이 용서되고 못생긴 여자는 착한 성품을 가지고 있어도 무시받거나 조롱을 받았습니다. 외모가 조롱의 대상이 되고 여성 안에서도 차이와 차별로 이어졌어요. '아름답다'는 것에 대한 잘못된 고정관념은 우리 모두를 초라하게 만들었습니다.

그러나 이제 추함의 화살은 여성에게만 향하지 않습니다. 남성도 자유롭지 않습니다. 왜곡되고 비뚤어진 외모에 대한 기준은 여성에게는 지나친 날씬함을 강요하고 남성에게는 남자다움을 강조하며 타고난 자신의 성향을 발휘하고 살 수 없게 강제해 왔어요.

성별을 나눌 때 우리는 생물학적인 성별에 따라 구분을 해 왔어요. XX, XY와 같은 성염색체의 차이에 따라 성별을 나눌 경우 이를 생물학적인 성이라고 합니다. 반면에 젠더는 사회·문화적 성이라고 하는데, 젠더는 고정된 것이 아니며 문화와 시간에 따라 다르게 반영됩니다. 우리가 남성 또는 여성의 역할이나 특성으로 여겨 온 관습은 문화적 관습에 의해 학습된 것이 대부분이죠.

그렇다면 가장 보수적이라고 하는 법원에서 젠더에 대한 판결은 어떻게 변화되고 있을까요.

사람의 성을 구분함에 있어서 과거에는 성염색체, 생식선 (내부 성기), 외부 성기 등 주로 생물학적 요소에 의존하여 왔다. 그러나 사람은 생물학적 존재임과 동시에 사회적, 정신적 존재이므로, 성 개념 또한 자연적인 자웅 개념 (sex)을 넘어 정신적, 사회적 성별 개념(gender)으로 이해하고, 이에 따라 새로운 방식으로 사람의 성별을 구분할 수 있어야 한다는 인식이 점차 확산되었다. 그리하여 이제는 위와 같은 생물학적인 요소와 함께 개인의 성별에 대한 귀속감, 사회적으로 승인된 그 성별에 고유한 행동과 태도, 성격상의 특징으로 드러나는 성역할상의 문제 등 정신적, 심리적, 사회적 요소를 종합적으로 고려하여 사회 통념에 따라 합리적으로 남녀를 구분하여야 한다는 것이 확립된 견해가 되었다. (대법원 1996. 6.11. 선고 96도791판결, 2006. 6. 22.자 2004스42 전원합의체 결정 참조.)

_부산지방법원 2009. 2. 18. 2008고합669 판결

2009년 부산지방법원의 이 판결 이전에는 여성인가 남성인가에 대한 성별 판단은 사실상 성염색체와 같은 생물학적 성이 기준이었습니다. 그러나 이 판결에서는 사회·문화적 성인 젠더에 의해서 남성과 여성을 판단하는 것으로 바꾸었어요.

우리가 만나는 미래 사회의 법원에서는 더욱 다각적인 관점으로 인간에 대한 문제를 다룰 거예요. 인간에 대한 가장 중요한 문

제가 역사적으로 가장 오래된 이슈인 성별입니다. 판결문에서는 성을 어떻게 구분해야 하는가에 대한 법원의 입장을 잘 드러냈어요.

판결문을 통해 사람이 생물학적 존재임과 동시에 정신적, 사회적 존재임을 인식하고 성별 개념을 젠더로 이해해야 한다는 것을 분명히 했습니다. 즉 정신적, 사회적 요소를 종합해서 고려하는 사회·문화적 성인 젠더로 남녀 구분을 해야 하는 것이 합리적인 견해라는 것을 표명하고 있습니다.

그렇지만 이 견해는 법원의 견해입니다. 남자와 여자, 그리고 제3의 성에 이르기까지 여러분은 어떤 판단을 내리고 있을까요.

2. 할당제에 대한 역차별 논쟁
_성평등과 성중립, 그리고 성인지적 관점

남성에 대한 역차별 논란이 가장 거세게 일어나는 것이 바로 할당제 논쟁이에요. 여성 할당제는 사회 각 분야에서 인력을 채용할 때 일정 비율 이상의 자리를 여성에게 할당하는 제도입니다. 그런데 남성들 사이에는 이 제도로 인해 남성들이 손해를 보고 있다는 주장이 제기되기도 합니다.

여성 할당제가 생겨난 것은 여성이나 남성이 독점적으로 조직의 다수를 구성하기보다는 성별 균형을 이루는 것이 조화롭고 평등한 사회를 만드는 데 기여한다고 보기 때문입니다. 따라서 여성 할당제보다는 성 할당제로 쓰는 것이 더 바람직합니다. 특별히 여성만을 위하거나 남성만을 위한 것이 아니라 성에 기반한 공동체의 조화로운 발전을 고민했기 때문이에요.

예를 들어 초등학교 선생님이 대부분 여성으로만 구성되기보다는 남성인 선생님이 일정 비율 있어야 교육에서도 조화와 평등이 이루어질 수 있다고 보고, 초등학교 교사를 양성하는 교육대학이 30퍼센트 남성 할당제를 적용하고 있는 거예요. 성별 균형을 이루기 위한 노력입니다. 예전에는 남자고등학교, 여자고등학교로 나뉘어서 남녀공학이 드물었어요. 그렇지만 지금은 대다수 학교가 남녀공학이며 남녀가 같은 학교에서 서로를 이해하고 함께하는 교육을 받고 있습니다.

할당제를 처음 실시한 나라는 스웨덴과 노르웨이라고 할 수 있어요. 특히 노르웨이는 세계 최초로 2003년 공기업 이사회에 여성 비율을 40퍼센트 이상으로 의무화하는 법안을 채택했습니다. 오래전부터 동등한 고용을 위한 노력을 통해 성의 균형을 이루도록 했어요. 할당제는 쿼터제, 적극적 평등 실현 조치 등 다양한 이름으로 불리기도 합니다.

대한민국 「헌법」 제11조에서는 성별에 대한 평등을 중요한 기본권으로 봅니다. 그렇지만 역사적으로 성이 다르다는 차이가 오랫동안 차별의 이유가 되었으며, 거대한 진입 장벽을 세워 놓고 그 안에 들어가지 못하게 한 일도 있었습니다.

「헌법」 제11조 1항
모든 국민은 법 앞에 평등하다. 누구든지 성별·종교 또는 사회적 신분에 의하여 정치적·경제적·사회적·문화적 생활의 모든 영역에 있어서 차별을 받지 아니한다.

특히 성별 역할에 대한 고정관념은 여성은 간호사 남성은 의사로, 요리사는 남성의 직업이 아닌 여성의 직업으로 만들어 왔어요. 그러나 이제는 그 틀이 무너졌으며 남성 요리사와 여성 요리사가 대등하게 자신의 재능을 펼치는 세상이 되었습니다.

우리나라에서 할당제의 대표격인 '양성평등 채용 목표제'는 여성 할당제라기보다는 남성과 여성, 모두에게 적용되는 할당제예요. 남자와 여자를 불문하고 한 성이 30퍼센트에 못 미칠 경우 추가 채용을 하도록 하고 있거든요. 2011년까지는 여성이 혜택을 봤지만 2012년 이후에는 남성이 오히려 양성평등 채용 목표제에 의해 추가 채용되는 경우도 많습니다.

그렇다면 다른 나라의 경우는 어떨까요. 프랑스는 과거에 유럽에서 가정폭력, 데이트 폭력으로 악명이 높았어요. 이후 여성에 대한 폭력이 증가하는 가장 큰 이유가 여성의 낮은 대표성에 원인이 있다는 것을 자각했습니다.

그래서 프랑스에서는 남성과 여성의 평등한 대표성을 확립하기 위해 헌법을 개정하면서까지 1999년에 '남녀 동수 공천법'을 만들었어요. 정당에서 선거에 출마할 후보를 정할 때 남자와 여자의 수를 같게 하여 추천하도록 한 것입니다. 이후 프랑스는 남성과 여성이 행복한 성평등 국가로 빠르게 성장했습니다.

여성 할당제를 시행하는 국가 중 여성 의원 비율이 가장 높은 나라는 아프리카의 르완다예요. 2003년 여성 의원 할당제를 실시했는데, 2023년 기준으로 여성 의원이 55퍼센트에 이를 정도예요. 르완다에서 여성은 종족 분쟁의 희생양이었으며 수많은 여성이 분쟁의 시기에 강간을 당했어요. 르완다는 '성인지적 헌법'을 만들기 위해서 헌법위원회에 여성을 참여시켰고 헌법을 성평등의 관점에서 개정했습니다.

우리나라도 정당의 후보자 추천에서 비례대표 국회의원이나 지방의회 의원은 여성 후보자와 남성 후보자가 각각 50퍼센트가 되도록 하며 홀수에 여성을 추천하도록 법을 개정했습니다.

남성과 여성은 대한민국 국민의 각각 절반을 차지하고 있어요. 그런데 남성이나 여성 중 어느 한쪽만이 정책을 만든다면 그 정책이나 시스템은 기형적일 수밖에 없을 거예요. 그래서 법을 만드는 국회에 여성이 과소 대표되는 문제를 극복하기 위해 여성 비례대표 할당제를 만든 것입니다. 과소 대표된다는 것은 구성원의 전체 수에 비해 그 구성원을 대표하는 인원의 비율이 낮다는 것입니다.

법을 개정한 이유는 특히 정치 조직과 자금에 취약한 여성이 정치에 진입하는 것에 도움을 주기 위해서였어요. 이 법은 여성의 정치적 대표성을 올리는 데 기여했어요.

「공직선거법」 제47조(정당의 후보자 추천)

❸ 정당이 비례대표 국회의원 선거 및 비례대표 지방의회 의원 선거에 후보자를 추천하는 때에는 그 후보자 중 100분의 50 이상을 여성으로 추천하되, 그 후보자 명부의 순위의 매 홀수에는 여성을 추천하여야 한다.

❹ 정당이 임기 만료에 따른 지역구 국회의원 선거 및 지역구 지방의회 의원 선거에 후보자를 추천하는 때에는 각각 전국 지역구 총수의 100분의 30 이상을 여성으로 추천하도록 노력하여야 한다.

여성과 남성이 성평등한 국회를 만드는 것은 매우 중요하기에 여성들의 정치 진입은 절실합니다. 또한 우리 시대는 남성인가 여성인가를 떠나 젠더적 시각과 균형 감각을 가진 국민의 대표를 원하고 있습니다.

그렇다면 성인지적 법률과 관점이 왜 중요할까요. 성인지적 관점은 정책이나 법률이 성별에 민감하게 결정되는 것을 말하며, 남성 또는 여성이기 때문에 불리한 점은 없는지와 성별에 대한 고정관념이 없는지를 살펴보는 것이에요.

공중화장실을 예로 들면, 남성과 여성은 생리 구조가 다르고 화장실을 사용하는 시간이 다를 수밖에 없어요. 성중립적인 것이 평등하다고 생각하기 쉽지만 성중립은 오히려 평등을 저해할 수 있습니다. 화장실 숫자를 남성용과 여성용을 똑같이 만들기보다는 성별로 구체적인 화장실 소요 시간 등을 검토해서 성인지적으로 화장실 개수를 정해야 하죠. 그래야 현실의 수요를 충족할 수 있을 뿐 아니라 예산 집행도 효율적으로 이루어질 거예요.

여성 할당제는 자연스럽게 폐기되어야 할 한시적인 조치입니다. 인간의 존엄이 실현되는 민주 사회를 만들기 위해서는 형식적이고 선언적인 평등이 아니라 실질적인 평등이 이루어져야 합니다. 그러기 위해서는 다양한 계층과 대상에 대한 할당제도 있어야 하지 않을까요.

그렇지만 할당제는 꼭 필요할 때 사용해야 합니다. 무분별하게 할당제를 적용하는 것은 역차별 논란을 낳으며 오히려 갈등을 부추길 수 있어요. 또한 할당제는 궁극적으로 차별받고 소외된 여성과 남성을 위해 사용되어야 합니다.

여성의원 비율을 높이자고 하는 이유는 높은 위치에 있는 여성들을 많이 만들자는 것이 아닙니다. 좀더 여성 문제에 관심을 가지고 정책을 통해 어려운 여성들의 삶을 개선해 줄 것이라는 희망을 가지기 때문입니다.

여성 할당제, 특히 여성 정치 할당제는 그동안의 차별을 개선하고 평등을 실현하기 위해 필요한 과도기적 법률과 제도라는 것에 전 세계가 공감하고 있어요. 할당제가 기회의 평등을 저해하는 것이 아니라, 현대적 평등의 가치인 실질적 평등을 실현하기 위한 한시적인 조치라는 것이 중요합니다.

헌법 정신을 실현하기 위해 진정한 성평등이 이루어져야 하고, 그 지름길은 성평등을 실현하기 위한 할당제나 적극적 성평등 실현 조치입니다. 대한민국 공동체가 성평등이 실현되었다고 인식하게 되면 당연히 여성 할당제는 폐지되어야 해요.

할당제가 하루빨리 폐지되기를 바란다면 다각적인 노력을 기울여 진정한 성평등을 앞당겨야 하죠. 여성과 남성이 함께해야 진정한 의미의 성평등을 이룰 수 있습니다.

3. 성에 대한 혐오 표현과 혐오 범죄
_혐오와 공동체 파괴

2021년 한국이 7개 부문에서 세계 1등을 한 일이 있었습니다. 영국의 킹스칼리지 런던 정책 연구소가 발간한 보고서에서 우리나라는 이념, 빈부, 성별, 학력, 정당, 나이, 종교 갈등 부문에서 조사 대상 국가 28개국 중 1위를 차지했습니다. 총 12개 조사 항목 중 7개 부문에서 1위를 차지한 것입니다. 2018년 영국 BBC 보고서에서도 우리나라는 남녀갈등 부문에서 1위를 차지했어요. 그동안 노인 자살, 청소년 자살 등으로 1위를 해 왔지만 갈등 국가로 1등을 하는 것 또한 참으로 부끄러운 일입니다.

2016년 5월 서울 강남 한복판에서 한 여성이 살해당했습니다. 범인이 일면식도 없는 여성을 살해한 이유는 "여자들이 나를 무시해서 그랬다"는 것이었어요. 여성 혐오가 끔찍한 살인으로 이어진 사건이었습니다. 그날로부터 7년이 넘게 지났지만 여성 혐오에 의해 살해당한 피해자를 추모하는 촛불은 꺼지지 않고 있습니다. 특히 '나는 우연히 살아남았다'는 추모글은 여성들의 두려움과 공포를 반증하고 있어요.

혐오는 단순히 싫어하는 것이 아닙니다. 혐오의 대상을 완전히 배제하겠다는 완곡한 의사의 표현이에요. 혐오의 가장 큰 해악은 공포를 확산하고 혐오의 대상을 두려움에 떨게 하며 사회 전체를 화약고로 만들어 결국에는 파괴합니다. 특히 약자와 소수자에 대한 혐오는 혐오 대상의 삶을 위태롭고 위험하게 만들어 버립니다.

다음은 강남역 살인 사건에 대한 판결문입니다.

징역 30년. 인간의 생명은 고귀하고 이 세상에서 무엇과도 바꿀 수 없는 존엄한 인간 존재의 근원이며, 생명에 대한 권리는 법률이 보호하고자 하는 가장 중요한 법익이므로, 살인죄는 어떠한 방법으로도 피해 회복을 할 수 없는 가장 소중한 가치인 인간의 생명을 빼앗는 중대한 범죄이다. 더구나 이 사건 범행은 우리나라의 대표적인 번화가라고 할 수 있는 서울 강남의 한가운데에서 피고인과 일면식도 없는 피해자를 잔혹하게 살해한 '무작위 살인'으로서 원한 관계, 치정, 보복 등 범인과 피해자 사이의 일정한 인간관계를 기반으로 하여 발생하는 통상의 살인 사건과 명백한 차이가 있다. 무작위 살인의 경우 자신과 아무런 관련이 없는 상대방의 생명을 빼앗는 행위로 그 동기에 참작할 아무런 사유가 없으며 생명 경시의 태도가 매우 심한 범죄인점, 피해자에게 어떠한 잘못도 없을 뿐만 아니라 피해자로서는 갑자기 가해지는 폭력을 회피할 어떠한 수단도 상정하기 어렵다는 점, 사회 공동체 전체에 대한 범행으로 사회 전반에 큰 불안감을 안겨 준다는 점에서 그 죄질이 매우 나쁘다.

- 서울중앙지방법원 2016.10.14. 선고 2016고합673 판결

재판부는 강남역 살인 사건이 사회공동체 전체에 대한 범죄라는 것을 분명히 했어요. 판결문에서 '성실하고 착한 딸이며 사랑스러운 여동생, 여자 친구였으며 직장 근무를 하면서도 공부에 대한 열정으로 열심히 살았던' 피해자의 삶을 기억했습니다.

혐오 범죄는 자기 박탈감 같은 문제의 원인을 한 번도 만난 적 없는 혐오 대상에게 돌리며, 특히 사회적 약자를 대상으로 묻지 마 범죄를 저지르기도 합니다. 우리는 혐오 범죄를 예방하기 위해서 혐오와 편견 그리고 증오에 단호하게 반대하는 목소리를 내야 합니다.

혐오 범죄는 인간의 존엄성을 짓밟아 버려요. 아무 잘못도 없는데 주홍글씨처럼 붉게 새겨진 혐오라는 낙인을 찍어 버립니다. 수많은 이분법으로 모든 차이를 차별과 혐오의 이유로 삼고, 너의 잘못이 문제라는 식으로 공격합니다. 우리 사회는 지금 모두

한 여성을 마녀로 몰아 화형시키는 모습(스위스, 1447).

를 죄인으로 만드는 증오와 혐오의 일상화를 경험하고 있어요.

특정한 집단이나 대상을 마녀사냥으로 몰아가며 죄인을 만들고 비난과 혐오를 퍼붓는 것은 헌법 정신을 무너뜨리는 행위입니다. 현재 우리 사회의 남녀 갈등은 너무나 심각합니다. 서로가 서로에게 깊은 상처를 주고 있어요. 이런 성별 혐오는 특정 계층만이 아니라 대한민국 공동체 전체를 고통스럽게 합니다.

혐오는 혐오 감정, 혐오 표현, 혐오 범죄로 나누어질 수 있습니다. 혐오 감정이 일어나고 경우에 따라서 혐오 표현이 되기도 하지만 강남역 살인 사건처럼 무서운 범죄가 발생하기도 합니다. 특히 여성 혐오의 경우에는 여성을 대상으로 하는 '묻지마 혐오 범죄'로까지 이어져 대다수의 여성이 안심하고 살 수 없는 사회가 되었습니다.

여성 혐오가 만연한 사회에서 여성들은 늘 두려울 수밖에 없어요. 이런 여성들의 두려움은 단순히 여성에게만이 아니라 우리 모두의 위험이고 공포일 수밖에 없습니다.

남성과 여성은 절대로 적이 아니며 혐오의 대상이 되어서도 안 됩니다. 남성과 여성은 함께 살아가고 있어요. 아들이기도 하고 엄마이기도 하며 여자 친구나 남자 친구이기도 해요. 그만큼 서로 함께 인생을 살아가는 가장 친숙한 내 편입니다. 이제 우리는 서로에 대한 비난과 혐오를 거두고 서로가 어떻게 존중하며 공존할 수 있을까를 이야기해야 할 때입니다.

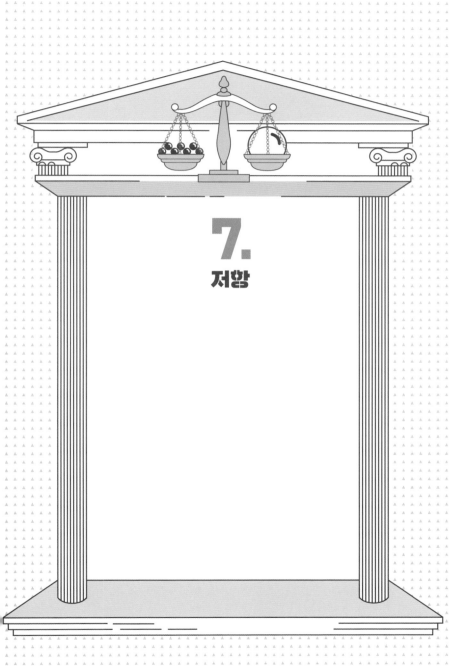

7.
저항

1. 학교폭력은 잔인한 범죄다
_인간의 존엄과 행복

중학교 졸업식에 참석한 적이 있습니다. 아무 생각 없이 앉아 있었는데 졸업식이 진행되자 학생도 선생님도 학부모도 울기 시작했어요. 졸업식 단골 곡 같은 015B의 〈이젠 안녕〉이라는 노래가 흘러나올 때는 학생들이 일어나서 삼삼오오 어깨동무를 하고 함께 노래를 불렀습니다.

학교는 공부만 배우는 곳이 아니라 친구를 만나고 약자를 배려하며 상처를 보듬어 주고 사랑을 배우는 곳이어야 한다는 것을 새삼 느끼게 한 순간이었습니다. 학교는 인생의 의미를 서로 나누며 두고두고 기억할 소중한 추억을 만드는 곳이니까요.

그런데 누군가에게는 학교가 지옥이 되기도 합니다. 어른 세대가 만들어 놓은 약육강식의 교육과 친구를 짓밟고 이겨야 한다는 잘못된 가치관, 공부만 잘하면 인성은 필요 없다는 비뚤어진 사고는 학교를 정글로 만들어 버렸습니다. 아이들의 폭력은 결국은 어른들로부터 온 것이기에 어른 세대의 깊은 성찰과 반성이 먼저 있어야 합니다.

「헌법」에 보장된 인간의 존엄과 행복은 우리 모두에게 보장된 권리입니다. 나만이 누리는 권리가 아니라 나와 내 친구, 그리고 우리라는 공동체가 함께 누려야 하죠. 어느 누구에게도 다른 사람을 폭력으로 짓밟고 유린할 권리는 없으며 그것은 범죄입니다. 어떤 변명으로도 합리화될 수 없어요.

학교폭력의 특징은 관계성에 있습니다. 가정폭력이 가정 안에서 이루어지며 가정이라는 관계성을 갖고 있듯이, 학교폭력은 학교라는 곳에서 이루어지는 관계성을 가지고 있는 것이죠.

또한 늘 학교 안에서 만나기 때문에 학교폭력은 지속성과 공연성을 갖습니다. 공연성은 불특정 또는 다수인에게 보여질 수 있다는 뜻입니다. 피해자가 겪는 고통은 상상할 수 없는 것이며 중학교에서 고등학교까지 계속 이어진 학교폭력 사례도 있습니다.

대부분 가해자는 학업을 지속하고 진학을 하며 아무 일도 없었다는 듯이 살아가지만, 피해자는 학업을 중단하거나 극단적인 선택을 하는 경우도 많습니다. 그만큼 폭력을 당한 경험은 이겨내기 어려운 상처로 깊이 새겨지고 지워지지 않습니다. 피해자가 겪는 지속적인 고통은 그 누구도 상상하기 어려울 만큼 심각한 것입니다.

학교폭력이 심각해지자 2004년 「학교폭력 예방 및 대책에 관한 법률」이 제정되었어요. 그러나 아직도 학교폭력은 근절되지 않았고 여전히 극단적인 선택으로 생을 마감하는 피해자들이 있습니다.

대표적인 사례로 2013년 발생한 '경산 학생 자살 사건'이 있습니다. 피해자는 중학교 때부터 가해자들에게 지속적으로 폭행과 갈취, 성추행 등을 당했습니다. 다만 한 가지 기대는 중학교 생활이 끝나면 불행이 끝날 줄 알았어요. 그러나 같은 고등학교, 같은 반에 배정된 데다 기숙형 학교여서 고등학생이 되어서도 하루 종일 가해자들의 폭력에 시달려야 했습니다. 결국 피해자는 극단적 선택으로 생을 마감했습니다.

「학교폭력 예방 및 대책에 관한 법률」 제2조(정의)
❶ "학교폭력"이란 학교 내외에서 학생을 대상으로 발생한 상해, 폭행, 감금, 협박, 약취·유인, 명예훼손·모욕, 공갈, 강요·강제적인 심부름 및 성폭력, 따돌림, 사이버폭력 등에 의하여 신체·정신 또는 재산상의 피해를 수반하는 행위를 말한다.

학교폭력은 생명까지 유린하는 잔인한 범죄입니다. 피해자들은 보복과 응징이 두려워 숨기는 경우가 많고 가해자들은 이를 이용해 더욱 잔혹해집니다. 가해자들은 자신들의 잘못을 인정하지 않을 때가 많고, 설사 인정한다고 하더라도 얼마 지나지 않아 다음 희생양을 찾거나 약자에 대한 혐오를 드러내기도 합니다.

학교폭력에서 가해자 부모는 어떨까요. 가해자인 자식의 행위를 싸고돌며 부모 또한 가해자가 되어 2차 피해를 발생시키기도 합니다. 피해자인 학생에게 용서를 구하고 깊이 뉘우치는 자세를 보이지 않는 부모로부터 자식이 무엇을 배울까요.

약자를 짓밟는 것은 진정 부끄러운 범죄예요. 오히려 강자의 생각에 도전할 줄 알고 약자를 도와주며 함께해야 합니다. 가해자가 당당한 사회는 이미 죽은 사회이며 「헌법」상 보장된 인간의 존엄과 행복이 실현되는 사회가 아니에요.

학교 안에서의 폭력도 심각하지만 학교 밖에서의 사이버 폭력, 특히 모바일 메신저의 단체 채팅방에서의 폭력 등도 심각합니다. 폭력의 악순환이 되풀이되지 않고 폭력을 휘두르는 것이 얼마나 부끄러운 범죄인지를 느끼는 세상이 되면 좋겠습니다.

2. 거짓이 진실이 될 수 있을까?
_가짜 뉴스와 표현의 자유

거짓을 사실로 둔갑시키고 나아가 확증까지 시켜 주며 진짜가 되는 가짜 뉴스는 오래된 역사를 가지고 있어요. 유명한 드라큐라 백작도 알고 보면 가짜 뉴스의 희생양이에요. 그가 흡혈귀라는 가짜 뉴스는 어느새 사실로 둔갑해서 후대 사람들은 이제 그를 진짜 흡혈귀로 기억합니다.

역사적으로 가짜 뉴스를 이용해서 권력을 거머쥔 사람으로는 독일의 히틀러를 빼놓을 수 없을 거예요. 히틀러의 나치 정권에서 가짜 뉴스로 대중을 선동한 괴벨스도 있습니다. 괴벨스는 큰 거짓말을 여러 번 주장하면 결국에는 사람들이 속게 되고 진실이 된다고 말했습니다. 나치는 가짜 뉴스를 퍼뜨리며 대중을 자신들의 하수인처럼 조종해서 권력을 차지했고, 독일 국민은 큰 거짓말을 그대로 믿으며 역사적 재앙을 자초했어요.

최초의 가짜 뉴스가 무엇이었는지는 알기 어렵지만 그 역사가 오래된 것만은 분명합니다. 고대 이집트의 파라오인 람세스 2세는 히타이트 제국과의 전쟁에서 승리하지 못했지만 자신이 큰 승리를 거뒀다고 거짓말을 하며, 가짜 뉴스를 통해 자신을 위대한 승리자의 반열에 올렸고 기념비까지 세워졌습니다.

가짜 뉴스가 주목을 받는 것은 특히 선거 때예요. 일단은 어떻게든 이기고 보자며 「헌법」에 보장된 표현의 자유를 악용하는 사례가 많았습니다. 가짜 뉴스가 특히 주목받은 것은 2016년 미국 대통령 선거였어요.

당시 대통령 후보 도널드 트럼프는 자신이 가짜 뉴스로 공격받고 있다고 주장했지만 트럼프야말로 누구보다 가짜 뉴스를 많이 퍼뜨린 사람으로 지목되고 있었어요. 가짜 뉴스는 없던 사실을 조작하고 왜곡시키며 가짜가 진짜가 되는 엽기적 일을 큰 거짓말을 아무렇지도 않게 대중에게 설파하죠.

또한 명백히 드러난 자신의 과오나 잘못을 부끄러워하기보다는 오히려 가짜 뉴스라고 몰아붙이며 억울해하기도 합니다. 부끄러움을 잃어버린 사회에서 가짜 뉴스는 선전과 선동의 도구로 활용되며 더욱 기승을 부립니다.

그렇다면 가짜 뉴스란 무엇일까요. 가짜 뉴스는 큰 거짓말, 허위 정보, 가짜 정보 등으로 쓰이며 독일에서는 '거짓말쟁이 언론'

이라고 표현되기도 해요. 가짜 뉴스는 전통적인 언론을 통해 만들어지기도 하지만, 요즘은 유튜브나 트위터, 페이스북 등을 통해 정치 경제적 이익이나 특정한 이익을 얻으려는 목적에서 의도적으로 조작되고 유포되는 거짓 정보입니다.

매체가 다양화되고 일인 미디어가 등장하면서 누구나 신속하게 가짜 뉴스를 만들고 대중에게 퍼뜨릴 수 있어요. AI 기술이 발달해 사진과 영상의 조작이 전문가들도 구분하기 힘들 정도로 정교해졌어요. 거짓말쟁이들은 점점 더 그럴듯한 가짜 뉴스를 만들고, 그것들을 한 사람 한 사람에게 전달하는 것이 아니라 클릭 한 번이면 수백, 수천만의 사람들에게 전파할 수 있습니다. 누구나 마음만 먹으면 가짜 뉴스의 진원지가 될 수 있고, 때로는 자신의 의도와 상관없이 범죄자가 될 수 있다는 점도 잊지 말아야 해요.

사람들은 자신의 가치관이나 선호에 맞는 정보를 찾고 좋아하기 마련이지요. 또 그것이 자극적이고 자신의 감성을 건드리기까지 하면 깊이 동조하게 됩니다. 그렇게 되면 그것이 나중에 가짜 뉴스라고 밝혀져도 그 사실을 믿으려 하지 않습니다. 그렇게 가짜 뉴스는 누군가에게 진실이 되어 버립니다.

유튜브에서 실제로 이런 일이 있었습니다. 미국의 버락 오바마 전 대통령이 한 영상에서 "트럼프 대통령은 완전히 쓰레기다."라고 말을 합니다. 사람들은 설마 오바마가 저런 말을 했을까 의심하면서도 한편에서는 믿는 사람들이 있었죠. 이 영상은 조작된 영상이었고 오바마는 그런 말을 하지 않았습니다.

그렇지만 유튜브 영상이 가짜로 판명이 나더라도 한편에서는 진짜로 믿으며 가짜 뉴스에 대한 확증 편향이 심해지기도 합니다. 확증 편향이란 자신의 가치관이나 신념에 부합하는 정보만 주목하고 그에 반하거나 다른 정보는 무시해 버리는 경향이죠. 이처럼 내가 보고 싶은 의견만 듣고 나와 같은 생각의 영상만을 받아들이며 왜곡된 세계관을 확장하는 문제가 심각합니다.

가짜 뉴스는 내용이 허위이고 특정한 목적을 위해 조작되고 만들어졌지만, 기사의 형식을 빌렸다는 점 때문에 사실로 받아들여지고 사람들은 확신까지 하게 됩니다.

가짜 뉴스는 풍자와 오보와는 구분되는 표현입니다. 특히 풍자는 사회적 모순이나 현상, 정치적 부조리 등을 비유적으로 비판하기 때문에 가짜 뉴스와는 달리 순기능을 가지고 있죠. 또 오보는 고의 없이 실수로 잘못 보도한 것이라는 점에서 불순한 의도를 가진 가짜 뉴스와는 명백히 구분됩니다.

2018년 4월 미국 온라인 매체 버즈피드가 공개한 "트럼프 대통령은 완전히 쓰레기다."라는 말을 하는 버락 오바마 전 미 대통령 딥페이크(deepfake) 영상의 한 장면.

「정보통신망 이용 촉진 및 정보 보호 등에 관한 법률」(약칭: 「정보통신망법」)
제70조(벌칙)

❶ 사람을 비방할 목적으로 정보통신망을 통하여 공공연하게 사실을 드러
내어 다른 사람의 명예를 훼손한 자는 3년 이하의 징역 또는 3천만 원 이
하의 벌금에 처한다.

❷ 사람을 비방할 목적으로 정보통신망을 통하여 공공연하게 거짓의 사실
을 드러내어 다른 사람의 명예를 훼손한 자는 7년 이하의 징역, 10년 이
하의 자격 정지 또는 5천만 원 이하의 벌금에 처한다.

그럼 이런 가짜 뉴스도 표현의 자유라고 할 수 있을까요? 표
현의 자유는 민주주의를 가능하게 하는 생명수와도 같은 기본권
이며, 대한민국 국민 모두가 주체가 되어 누리고 있습니다. 언
론·출판의 자유가 보장되지 않는다면 우리에게 민주주의는 보
장되지 않을 거예요.

「헌법」 제21조 1항은 "모든 국민은 언론·출판의 자유와 집
회·결사의 자유를 가진다."고 하여 표현의 자유를 명확히 하고 있
습니다. 만약 언론이 하나의 권력이 되어 사실을 왜곡하거나 가
짜 뉴스로 나의 눈과 귀를 막는 일이 생긴다면 이는 「헌법」 제21조
4항에서 "언론·출판은 타인의 명예나 권리 또는 공중도덕이나
사회윤리를 침해하여서는 아니 된다."고 한 「헌법」 조항을 어기는

것이 됩니다.

표현의 자유는 내 생각과 의견을 자유롭게 표현할 수 있는 권리예요. 그러나 권력을 갖거나 돈을 벌기 위해 허위 정보나 거짓으로 가짜 뉴스를 만들고 퍼뜨리는 것을 표현의 자유라고 할 수는 없습니다.

우리는 알 권리를 가지고 있습니다. 그렇지만 우리가 접하는 정보가 알고리듬에 의해 더욱 확증 편향적으로 흘러서 한 방향의 정보만을 무작위적으로 습득하게 된다면 어떻게 될까요? 생각의 균형을 잃고 거짓을 진실로 오도하며 자신만의 좁은 울타리 안에 갇혀 독선적인 사람이 될 수 있습니다. 이런 모든 우려들은 민주주의를 병들게 하고 우리의 생각하는 힘을 빼앗을 수 있어요. 유튜브나 네이버, 카카오 등의 플랫폼에서도 책임을 강화하고 일인 매체인 경우에도 다른 사람의 인격권을 침해하지 않도록 해야 합니다.

가짜 뉴스는 자극적인 소재로 감정에 호소하여 자신들의 이익을 실현하려 하고 있어요. 공동체의 미래와 공익에는 관심이 없습니다. 자신들이 목표물로 설정한 누군가를 공격할 목적으로 거짓 정보를 흘리고, 대중을 선동하여 마녀사냥을 유도합니다. 그렇게 누군가의 인격을 살상하고 있습니다.

아무런 잘못이 없이 하루아침에 가짜 뉴스로 인한 디지털 폭력을 당하는 일이 발생하지 않도록 법적인 조치가 필요합니다. 뿐만 아니라 우리 안에서 가짜 뉴스를 퍼트리는 집단이나 개인에게 책임을 물어야 합니다.

가짜 뉴스를 퍼트리고 나서 오히려 인기가 많아지고 확증 편향으로 또 다른 가짜 뉴스를 생산하게 되면 우리 사회는 민주주의가 사라지고 암흑 세상이 되고 말 거예요. 이제부터라도 우리가 접하는 모든 매체에 대해 사실 확인, 이른바 팩트 체크를 하고 진짜 정보에 접근하려는 노력을 해야 합니다. 표현의 자유를 누릴 주체도, 표현의 자유를 저해하는 악성 트롤들을 경계하는 책임도 우리에게 있기 때문이에요.

3. 그들만의 독점을 막아라
_사회법과 경제 민주주의

자본주의가 발전하면서 거대 기업이 등장하기 시작했습니다. 공룡처럼 몸집을 키우는 거대 기업들은 작은 기업들을 잡아먹으면서 급속히 부를 축적했고 독점과 독식을 통해 성장했어요.

석유왕이라 불리던 록펠러는 미국의 성공한 대표적인 기업인입니다. 독점으로 약탈적인 가격 인상을 통해 이익을 극대화했으며 궁극에는 석유왕까지 되었어요. 경쟁 사업자들끼리 담합*해서 소비자에게 손해를 끼치며 이윤을 추구하는 등의 불공정 행위로 결국은 농민과 시민, 선량한 기업 들이 큰 손해를 보게 되었으며, 대기업은 강자로 등극하고 소비자는 약자로 살아야 했습니다. 자본주의하에서 세상은 정글처럼 잔인해졌고 막대한 부를 축적한 금융 자산가들도 등장했어요.

미국 자본주의의 초기에 독점과 기업 간 담합으로 이익을 얻었던 기업들을 사람들은 '강도 귀족'이라고 불렀습니다. 날강도나 다름없다는 시민들의 탄식이었어요. 그 결과 미국은 세계 최초로

석유 사업으로 많은 재산을 모아 석유왕으로 불린 록펠러.

자유방임주의를 반성하고 기업의 횡포에 법적인 제재를 가했고, 셔먼법이라는 사실상의 공정 거래에 관한 법을 제정하여 독점의 시도를 금지했습니다.

우리나라도 독점 기업의 문제로부터 자유롭지 못합니다. 우리가 사용하는 인터넷 통신사와 은행의 숫자는 몇 개 되지 않아요. 거대 정유사와 거대 제약회사 등이 있고 이들이 요금을 올릴 때마다 소비자들은 긴장하고 올린 금액을 일방적으로 감수해야 합니다.

또한 원자재 가격 하락 등으로 시장의 여건이 거대 기업에게 유리해지더라도 요금을 내리는 경우는 거의 없죠. 자유로운 시장경제라고는 하나 이미 독점 기업들이 우리 사회에 포진해 있으며 재벌들은 카페 사업에까지 뛰어들며 자신들의 영역을 문어발처럼 넓혀 왔습니다.

이렇듯 한국의 기업은 이른바 재벌 체제가 주도해 왔으며 독과점 대기업들이 중심을 이루고 있어요. 따라서 한국의 독점 문제는 재벌에 대한 문제였고, 그나마 「독점 규제 및 공정 거래에 관한 법률」(약칭 「공정거래법」)이 사회법으로서 유일하게 재벌을 단속해 왔습니다.

「독점 규제 및 공정거래에 관한 법률」 제1조(목적)

이 법은 사업자의 시장 지배적 지위의 남용과 과도한 경제력의 집중을 방지하고, 부당한 공동 행위 및 불공정 거래 행위를 규제하여 공정하고 자유로운 경쟁을 촉진함으로써 창의적인 기업 활동을 조성하고 소비자를 보호함과 아울러 국민 경제의 균형 있는 발전을 도모함을 목적으로 한다.

우리나라에 「공정거래법」이 없다면 약자인 소비자들은 거대 기업의 횡포에 직면하게 될 것입니다. 또한 소비자 운동을 비롯한 시민운동이 없다면 재벌의 이익을 위해서 국민이 희생당하는 자본의 폭력이 일어날 것이며 경제 민주화는 불가능해질 거예요.

「헌법」 제119조 제2항

국가는 균형 있는 국민 경제의 성장 및 안정과 적정한 소득의 분배를 유지하고, 시장의 지배와 경제력의 남용을 방지하며, 경제 주체 간의 조화를 통한 경제의 민주화를 위하여 경제에 관한 규제와 조정을 할 수 있다.

경제 민주주의는 경제 관계에서도 평등과 자유가 실현되어야 한다는 것을 말하고 있습니다. 경제 민주화를 위해서는 국가의 적극적인 역할이 있어야 하며 국민 경제의 균형 있는 발전과 적정한 소득의 분배가 유지되어야 합니다.

사회법으로서 「공정거래법」은 커다란 의미를 가지며 공정한 자본주의를 지향합니다. 「공정거래법」이 제대로 역할을 하려면 시민들의 감시와 비판이 절대적으로 필요합니다.

우리는 언제부터인가 강자인 독점 기업의 편에 서서 약자인 소비자를 억박지르고, 기업이 살아야 나라가 산다는 신념을 국가를 위한 것처럼 퍼뜨리고 있습니다. 그러나 국민이 행복하고 국민이 살아야 기업도 살 수 있어요. 자본의 독점이 언제부터인가 자본의 독재로 이어지고 있다는 비판도 있습니다.

대한민국의 재벌은 재벌 스스로의 노력만으로 그 자리에 선 것이 아닙니다. 국민의 희생과 피와 땀으로 오늘날의 재벌이 있습니다. 이제는 경제 주체인 국민이 진정으로 주인이 되는 경제 민주주의가 실현되어야 합니다.

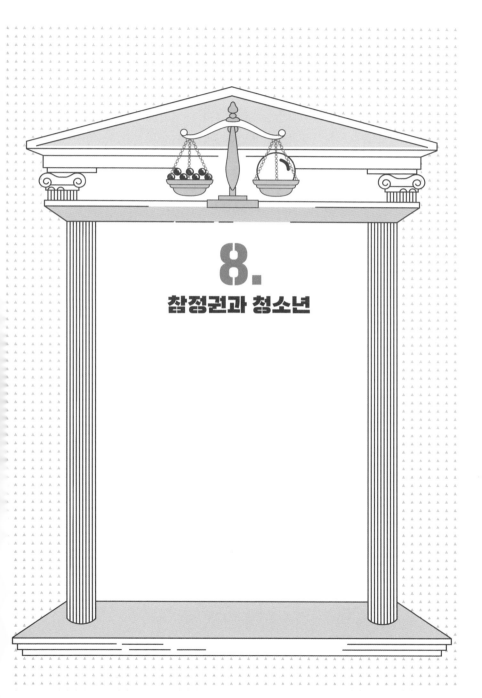

8.
참정권과 청소년

1. 제비뽑기로 국회의원을 뽑는다면?
_정치 주체와 청소년 정치의 가능성

「헌법」은 정치적 성격이 강하며 정치적 규범이라고 할 수 있어요. 우리의 삶 깊숙이 정치가 존재하고 「헌법」의 테두리 안에서 정치적 과정과 결단이 이루어집니다. 입법의 과정에서 만들어지는 모든 법은 사실상 정치적 결과물이에요. 교육, 부동산, 사교육, 게임, 스마트폰 등 우리 삶과 관련된 모든 일에 정치가 있고 정치적 결과물로 법과 제도, 정책이 만들어져요.

이렇게 중요한 정치라는 영역에 국민이 존재하지 않고 특정 집단이나 개인이 독점한다면 어떻게 될까요. 공정과 정의가 사라져 버리고 국민은 주인이 아닌 노예의 길을 걸어야 할 것입니다. 그런데 우리는 이렇게 중요한 정치를 남의 일처럼 여기는 것은 아닐까요. 정치는 일부 정치 엘리트나 특정인의 전유물이 되어서는 안 됩니다. 정치가 독점되면 미래도 사라집니다.

금수저, 흙수저로 나뉘고 양극화된 사회는 희망이 사라지게 됩니다. 자극적인 미디어는 청소년들이 금수저의 삶을 동경하고 인생에 대한 철학을 잃어버리게 만들기도 합니다. 재벌집 아들과 일용직 아들의 삶은 태어나는 순간부터 불평등하죠. 그러나 이런 모든 불평등과 정의롭지 못한 시스템은 정치가 없으면 더욱 횡포를 부릴 것입니다. 불평등은 고착되고 국민의 나라가 아니라 가진 자들의 나라가 될 수 있어요. 정치가 있기 때문에 잘못된 것을 바꾸는 희망을 가질 수 있습니다. 특히 권력과 돈과 무관한 청소년 정치가 새로운 시대를 만들 수 있습니다.

권력에는 여러 종류가 있지만 그중 정치권력은 우리 삶에 실제적인 영향을 미치고 있어요. 루소는 권력의 폭력성을 염두에 두고 어떤 경우에도 폭력으로 변질되어서는 안 된다고 말했습니다. 우리가 정치에 관심을 두지 않는다면 정치권력은 언제든 폭력적으로 바뀔 수 있다는 경고이기도 해요.

정치는 누구에게나 열려 있어야 합니다. 제비뽑기로 우리의 대표를 뽑자는 이야기도 있었어요. 황당하게 들리겠지만 우리 모두는 유권자로서뿐 아니라 책임 있는 정치인으로서의 역할도 충분히 잘할 수 있다는 주장입니다. 루소도 『사회계약론』에서 제비뽑기와 같은 추첨에 대해 다음과 같이 말하였습니다.

"복잡한 행위인 국가수반 및 관리 선출에 관해서는 두 가지 방법으로 할 수 있는데, 선출과 추첨이 바로 그것이다."

　고대 그리스의 도시국가인 아테네에서는 첫 번째 공직자를 제비뽑기로 선출했고 재임되는 경우는 거의 없고 모두가 대표자로서 참여할 수 있었어요. 루소도 추첨과 같은 제비뽑기를 국가수반 및 관리를 선출하는 방법으로 말하고 있습니다.

　아테네에서 투표로 대표를 선출하는 것이 아니라 제비뽑기 같은 추첨을 한 것은 금권 정치, 인맥에 의한 정치, 이른바 정치 마피아와 같은 패거리 정치를 사전에 예방할 수 있다는 장점을 알았기 때문일 것입니다. 지금도 제비뽑기에 의한 대표 선출을 주장하는 사람들이 있습니다.

　제비뽑기와 같은 추첨으로 국회의원을 뽑고 국민이 돌아가면

고대 그리스의 민주주의 중심지였던 아크로폴리스 모습.

서 국회의원을 한다면 정치인의 특권의식이 사라질 것은 분명합
니다. 제비뽑기로 국민의 대표를 뽑는 것은 현실적으로 어려움이
많을 수 있지만, 제비뽑기 같은 추첨으로 다양한 정부 위원회에
들어가 국정의 여러 사안에 대해 입장을 표명할 수 있다면 국민

은 자신들이 나라의 진정한 주체임을 느끼게 될 거예요.

우리 국민은 나라가 위기에 처할 때마다 기꺼이 떨쳐 일어나 혁명을 이뤄 냈어요. 그렇지만 4·19 혁명과 6·10 민주항쟁 이후 정작 정치권력을 재편하거나 「헌법」을 개정할 때에는 국민은 소외되고 배제되었습니다. 그러나 역사는 또다시 변화하고 있고 정치는 남의 일이 아니라 나의 일이며 우리의 일이 되었어요.

이제 세계 「헌법」의 주요한 관심은 「헌법」을 제정하거나 개정하는 과정에 국민이 참여하는 일입니다. 아이슬란드의 「헌법」 개정은 헌법학자나 특정 정치인만의 일이 아니라 국민 모두가 「헌법」을 만들고 바꿀 수 있다는 사실을 보여 주었습니다.

아이슬란드는 제비뽑기를 통해 시민 참여로 「헌법」을 개정하는 변화를 추진했어요. 또한 SNS 등 온라인을 통한 참여도 독려했으며 「헌법」 개정의 모든 과정을 투명하게 공개하고 공유했습니다. 이제 정치나 「헌법」의 문제는 특정 세력이나 전문가의 영역이 아니라 우리 모두가 주체가 된다는 것을 말하고 있어요.

정치와 「헌법」 개정에 이르기까지 국민 주권의 헌법 정신이 실현되려면 정치권력이 특정인의 권력이 되어서는 안 됩니다. 특정인이나 특정 집단이 정치권력을 독점하면 민주주의는 사라지게 됩니다.

어떤 사람은 정치를 하려면 특별한 능력과 학벌이 있어야 한다고 말합니다. 그렇지만 정치는 누구나 하는 것이며 자격증을 필요로 하지 않아요. 오로지 필요한 것은 공동체인 대한민국과 인류에 대한 공익적 관점을 가지는 것입니다.

우리는 학벌이 높고 능력을 가진 사람들이 권력을 사적으로 쓰고 자신과 가족만을 생각하는 정치로 얼마나 많은 폐해를 가져왔는지를 알고 있어요. 400년 전 허균도 공부는 잘하지만 오로지 자식 성공과 부동산을 위해서는 못할 짓이 없으며 권력을 사적으로 남용하는 선비들을 비웃었습니다.

청소년이 운전면허를 따고 결혼도 할 수 있는 나이는 18세입니다. 그렇지만 오랫동안 청소년은 유권자로서 역할을 할 수 없었어요. 이제는 법이 개정되어 18세가 되면 투표도 할 수 있고 국회의원 선거에 출마할 수 있어요. 고등학생이 국민의 대표가 되는 시대가 열린 것입니다.

더 이상 정치는 어른만의 전유물이 아니에요. 청소년도 정치의 주체로 인정받게 되었습니다. 정치에 관심이 없다는 것은 내 인생에 관심이 없다는 말과 같을 수도 있습니다. 대입제도나 학교폭력, 청소년 인권, 게임과 영화의 영역에 이르기까지 정치와 관련되지 않은 것을 찾기 어렵기 때문이에요.

그렇다면 우리의 현실은 어떤가요? 어떤 삶을 살아야 하는지 고민하고 친구와 우정을 나누는 아름다운 시간들은 우리에게서 점점 멀어져 가고 있어요. 때로는 과중한 학업으로 부모님과 다정한 대화를 나눌 시간도 부족합니다. 주위를 둘러보거나 친구의 성장을 기뻐하기보다는 치열한 경쟁에 시달리죠. 공부를 하는 것은 오로지 나만을 위한 것이며 공동체에 대한 고민을 할 수 있는 기회가 박탈되었어요. 이런 일들은 우리 모두를 슬프게 하고 공동체를 병들게 합니다.

폭우와 홍수에 사망한 사람이 생겨나고 배고파 굶주리는 이웃이 있다면 이 문제는 곧 우리의 책임입니다. 청소년 정치는 청소년 여러분의 문제의식으로부터 시작해 세상을 더 아름답고 평등하게 만들 것입니다.

2. 고등학생의 출마 선언
_청소년 문제와 청소년 정치인

「공직선거법」 개정으로 이제 18세의 청소년도 국회의원 선거와 지방선거에 출마할 수 있습니다. 지난 2022년 지방선거에 출마한 청소년들은 청소년 인권과 청소년의 복지 및 환경과 문화에 이르기까지 청소년의 입장을 대변하고 미래를 열어 가는 멋진 공약을 제시했습니다.

국회의원은 지역구 국회의원과 비례대표 국회의원이 있는데, 비례대표 국회의원은 다양한 직능과 계층을 대변하도록 되어 있습니다. 이제 고등학교 3학년 학생이 지방의회와 국회에서 활약하며 새로운 세대의 새로운 생각을 정책과 법률로 만들고 실현할 수 있게 된 것이죠.

「아동의 권리에 관한 협약」 제12조
❶ 당사국은 자신의 견해를 형성할 능력이 있는 아동에 대하여 본인에게 영향을 미치는 모든 문제에 있어서 자신의 견해를 자유스럽게 표시할 권리를 보장하며, 아동의 견해에 대하여는 아동의 연령과 성숙도에 따라 정

당한 비중이 부여되어야 한다.

1989년 유엔총회에서 채택된 「유엔 아동 권리 협약」은 우리나라도 당사국들 가운데 하나입니다. 협약에서 말하는 아동은 18세 미만의 모든 사람으로 그들이 자신의 견해를 표명한 권리를 가지고 있음을 강조하고 있어요.

우리나라의 청소년은 대부분 대학 입학을 위해 달려가고 있어요. 어른들이 만들어 놓은 기득권 세상은 학벌이라는 경계선을 만들었습니다. 정작 시험을 보는 당사자인 청소년에게는 입시와 관련된 의견을 묻지 않아요. 청소년과 가장 밀접하게 관련된 문제임에도 정책 결정 과정에서 배제되어 있습니다. 청소년에게 오로지 어른들의 생각만으로 만들어 놓은 정책과 법을 따르라고 하며 이를 당연하게 여깁니다.

우리의 경쟁은 끝이 없습니다. 이 세상에 태어나 삶의 축복을 누려야 할 시기부터 경쟁에 돌입하고 영어 단어를 외워야 한다면 우리의 삶이 행복하다고 할 수 있을까요?

대한민국 청소년의 문제는 청소년이 해결해야 합니다. 흑인 노예 해방의 주체는 흑인이며 참정권을 갖지 못한 여성의 참정권 투쟁의 주체가 여성이듯, 청소년이 행복한 사회의 주체는 청소년이 아닐까요. 청소년이 청소년의 문제를 제일 잘 알고 있으며 해결의 방향도 가장 잘 이해하고 있으니까요. 선생님과 부모님은 가장 가깝게 우리를 도와줄 수 있습니다.

대학 서열이 없는 나라, 가고 싶은 대학과 전공을 선택할 수 있고 대학에 가지 않아도 직업의 자유를 누리며 모두가 차별받지 않는 세상에서 살고 싶습니다. 그렇지만 누군가는 사회 시스템에는 서열이 있어야 한다고 주장하며 위계를 강요해요.

이제 청소년이 나설 때예요. 대학 입학을 하고 싶은 청소년도, 고등학교를 졸업하고 세계를 돌아다니며 여행을 통해 인생을 배우고 싶은 청소년도, 모두 자신의 꿈과 희망을 세상 속에서 실현할 수 있어야 하지 않을까요.

이제 청소년 정치가 당당하게 대입의 문제와 학벌의 문제 등을 청소년의 입장에서 제기하고 한국 사회의 잘못된 점을 극복할 수 있기를 기대합니다. 독일의 초등학생도 정치를 통해 난민 문제와 자본주의의 문제점을 제기하며 시위를 하고 있으며 어른들은 지지의 의사를 표명하기도 합니다. 우리 「헌법」이 꿈꾸는 나라는 국민 주권이 온전히 실현되는 나라입니다. 어린이라고 해서 그들의 정치적 주장을 막을 수 없어요.

다음은 청소년 정치에 대한 두 사람의 가상 대화입니다.

철수 어른들이 만들어 놓은 세상은 「헌법」이 보장하는 평등과 자유, 행복
추구권이 보장되고 있을까. 청소년의 목소리를 듣게 하려면 우리도 유
권자로서 힘을 가져야 해.

영희 다행히도 법이 개정되어서 이제는 18세가 되면 우리도 투표권을 가지
고 선거에 나갈 수도 있어. 앞으로 출마하는 친구들도 더 많아질 거야.
청소년 정책을 제대로 펼칠 수 있는 청소년 후보에게 표를 줄 생각
이야.

철수 우리 「헌법」은 어른과 청소년을 차별하지 않고 평등하게 국민 모두에
게 권리를 보장하고 있다는 것을 자각해야 해.

영희 그렇지만 교실이 정치의 장이 되거나 학교가 정치로 시끄러워지는 문
제도 심각할 거야.

철수 정치가 일부 정치인에게 독점되거나 국민의 의사를 반영하지 못하고
심지어 정치에 관심을 갖지 못하게 국민의 정치 참여를 억압한 역사가
있잖아. 교실이 시끄러워지는 것이 아니라 숨죽였던 우리들의 목소리
를 내는 것이며 당당하게 세상을 향해 우리도 「헌법」이 보장하는 권
리를 가지고 있다는 것을 선언하는 것이 아닐까.

영희 내 우려가 지나친 것일 수 있겠어. 독일은 히틀러와 같은 잘못된 지도
자를 국민이 직접 선출했다는 역사적 과오에 대한 뼈아픈 반성이 있었
어. 유권자로서 올바른 지도자를 선출하려면 비판적 생각과 참여가

필수적이지. 우리도 고등학교 3학년이면 투표권을 행사하게 되는데 정치에 아무런 관심도 없다가 투표만 하고 올 수는 없으니까. 나라를 위해 좋은 지도자를 뽑는 일은 너무나 중요해.

청수 독일은 어려서부터 수동적 시민 교육이 아니라 능동적인 정치 교육을 지원하고 청소년들의 정치 참여의 장을 확대해 왔어. 청소년들도 정치 참여를 통해 정치는 특정인이 하는 것이 아니라 우리 모두가 정치의 주체라는 것을 자각하고 참여한다고 해. 독일뿐만 아니라 핀란드 등 많은 나라들이 세상을 바꾸는 힘을 청소년에게도 보장해 주고 있어. 특히 독일이 청소년 정치를 중요하게 생각하는 이유는 과거의 잘못을 반복하지 않겠다는 다짐이라고 할 수 있지.

청소년이 정치를 하기 위해서는 나이에 대한 차별도 걷어 내야 하지 않을까요. 나이가 어리면 미숙하고 판단도 믿을 수 없다는 것은 차별입니다. 청소년은 돈과 권력, 인맥이나 학연으로부터 자유롭기 때문에 어느 누구보다 깨끗한 정치를 할 수 있어요. 그것만으로도 대한민국 정치에 큰 힘이 될 수 있습니다.

청소년들의 정치적 주장으로 교육제도를 전면적으로 개혁한 사례도 있어요. 바로 2006년 칠레의 중고등학생이 일으킨 펭귄 혁명입니다. 펭귄은 칠레 고등학생들의 교복이 펭귄과 닮았기 때문에 붙여진 이름이라고 해요.

학생들은 대학수학능력시험의 수험료를 무료로 할 것과 양질의 공교육, 가난한 학생들에 대한 제도 개선, 학생들의 대중교통 카드 제도 등을 요구했으며, 교육개혁을 위해 전국 단위의 중고등학생들이 뭉쳤습니다. 학생들의 시위는 많은 시민들의 호응과 지지를 얻었으며 지금까지도 펭귄 혁명으로 기억되고 있어요.

고등학생이 지방의회 의원이 되고 국회의원이 된다는 것은 청소년이 청소년의 문제를 직접 해결할 수 있다는 것을 의미합니다. 더 이상 학벌 사회에서 이익을 보는 사람들이 정책을 만들어서는 안 됩니다. 청소년이 정치에 직접 참여한다면 각자가 가진 고유한 재능을 발휘할 수 있는 세상을, 청소년들 스스로가 만들어 가고 교육에 대한 분명한 대안을 제시할 수 있게 될 것입니다.

국민들도 청소년 정치를 응원함으로써 미래 세대의 꿈을 현실로 앞당길 수 있도록 함께 힘을 모으면 좋겠습니다. 나이가 적다고 차별하는 것은 우리의 삶을 힘들게 합니다. 다양한 세대가 존중받고 존중하는 사회를 청소년 정치가 만들어 주길 간절히 바라는 마음이에요.

3. 정당, 이제는 청소년이 바꾼다
_청소년과 정당 민주주의

이제 청소년들이 정당에 참여할 수 있는 연령이 16세가 되었습니다. 투표를 18세에 할 수 있고 지방선거와 국회의원 선거에는 18세에 출마할 수 있다고 하더라도 그동안 정당에 참여할 수 있는 연령이 똑같이 18세여서 여러 가지로 불합리한 점이 많았습니다.

청소년의 정당 참여에 대한 법 개정의 요구가 높았습니다. 고등학생으로 출마가 가능하다고 하더라도 무소속으로 출마하는 것보다는 정당의 지지를 받고 출마하는 것이 훨씬 유리할 수밖에 없을 테니까요. 왜냐하면 정당은 선거를 준비하는 큰 조직인 반면, 무소속은 개인 신분으로 활동하는 것이기 때문에 여러 면에서 불리할 수밖에 없습니다.

그렇다면 도대체 정당이란 무엇일까요. 「헌법」제8조 2항에서는 정당을 "국민의 정치적 의사 형성에 참여"하는 것이라고 했습니다. 따라서 궁극적으로는 국정에 참여하는 것을 목표로 하는 조직이라고 할 수 있어요.

국정에 참여하려면 다른 정치적 조직과는 달리 후보자를 선출하고 선거를 통해 국민의 지지를 받아야 합니다. 이런 점에서 다른 정치적 조직과는 구별되며 공익을 목적으로 하기 때문에 사익을 추구하는 파벌이 아닙니다. 정치적 활동을 하는 시민단체도 국민의 정치적 의사 형성과 관련되고 조직이 있지만 국정에 참여하는 것을 목표로 하지는 않아요.

청소년이 정당에 들어가 활동하는 것은 중요한 정치적 자산이 될 수 있어요. 청소년이 정당의 일원으로 활동하고 민주주의를 몸소 경험하는 것은 우리나라의 정당 민주주의를 한 발짝 앞당기는 계기가 될 것입니다.

「헌법」 제8조
❶ 정당의 설립은 자유이며, 복수정당제는 보장된다.
❷ 정당은 그 목적·조직과 활동이 민주적이어야 하며, 국민의 정치적 의사 형성에 참여하는 데 필요한 조직을 가져야 한다.
❸ 정당은 법률이 정하는 바에 의하여 국가의 보호를 받으며, 국가는 법률이 정하는 바에 의하여 정당 운영에 필요한 자금을 보조할 수 있다.
❹ 정당의 목적이나 활동이 민주적 기본 질서에 위배될 때에는 정부는 헌법재판소에 그 해산을 제소할 수 있고, 정당은 헌법재판소의 심판에 의하여 해산된다.

이미 많은 나라의 청소년들은 당당하게 청소년 시기에 정당 활동을 하고 있습니다. 정당에서의 경험을 통해 민주주의에 대해서 배우고 실천합니다. 특히 비판적 사고를 통해 실질적으로 민주주의가 실현될 수 있는 방법을 고민하고, 현실 세계에서 그 성취를 이루는 과정을 직접 경험하게 됩니다. 모든 주장에 대해 의심하고 비판하며 정치적 판단을 올바르게 할 수 있는 능력을 키웁니다.

우리나라에서 청소년들에게 정당에 대해 떠오르는 이미지가 늘 좋은 것은 아니에요. 그러나 정치 혐오는 결국 우리 국민의 주권을 위협할 뿐이고 국민의 정치적 판단을 가로막게 됩니다.

청소년의 정치와 정당 활동을 가로막는 장애물이 아직도 많이 있어요. 그러나 청소년은 올바른 신념으로 기성세대 정당의 문제점을 바로잡고 정당 민주주의를 제대로 실현할 수 있을 거예요. 청소년이 정당 민주주의의 희망입니다.

우리는 태어나면서부터 법과 함께 살아가야 합니다. 혼자서 사는 세상이 아니라 다른 사람과 더불어 살아가기 때문에 모든 생활에 법적인 보장과 규제를 동시에 받습니다. 만약 잠깐이라도 이런 법적인 제도와 규율이 없어진다면 이 사회는 무질서와 혼란의 세상으로 변해 버려 우리는 평안한 삶을 유지할 수가 없을 것입니다.

이처럼 법은 우리의 인생과 떼려야 뗄 수 없는 불가분의 관계에 있습니다. 고귀한 생명의 탄생부터 생명에 대한 많은 법적인 논란이 존재하고, 또 자라서는 자연스럽게 생겨나는 사랑에 대해서도 마음대로 해서는 안 되는 법적인 규제가 들어 있습니다. 그리고 생명을 마치는 죽음의 과정에서도 복잡한 법적인 문제와 논쟁이 제기되고 있습니다.

뿐만 아니라 우리가 인간답게 살아가는 데 가장 소중한 양심과 사상의 문제에 대해서도 법적인 자유와 억압의 문제가 혼재되어 있습니다. 종교의 영역에서도 마찬가지로 자유와 제약의 문제가 미묘하게 얽혀 있어 지혜로운 판단이 필요합니다. 나아가 우리 개인과 사회 그리고 국가와 관계된 모든 영역에서도 법이 규제와 보호를 함께 하고 있습니다. 결국 사람의 일생이 법이라고 해도 과언이 아닐 정도입니다.

그래서 법은 잘 만들어져야 하고 잘 지켜져야 합니다. 사람이 '바르게' 사는 것, 사회가 '바르게' 서는 것, 나라가 '바르게' 운영되는 것 등 나를 비롯해 가족, 학교, 사회, 국가, 세계, 지구, 우주 등 모든 분야의 질서를 '바르게' 세우고 '바르게' 운영되도록 하는 것이 바로 법이기 때문입니다.

법은 도덕과 상식을 기초로 사회 구성원의 합의로 만들어지지만 가장 기본이 되는 정신은 '바르게(의, 義)'입니다. 부당함, 부정함, 불의함을 없애고 어느 편도 들지 않는 정의가 법의 기본 정신입니다. 이런 법이 바르게 서서 바르게 운영되어야 비로소 사람도 바르게 살 수 있고 세상도 바르게 돌아갈 수 있는 것입니다.

우리는 법을 잘 알아야 합니다. 인생의 각 시기마다 겪게 되는 고민에는 법이 존재합니다. 그래서 생명, 사랑, 죽음, 사상, 종교 등 실존적인 주제에서부터 국가, 독점, 폭력, 젠더, 참정권 등 사회적 주제에 이르기까지 법과 연관시켜 폭넓게 다루어 보았습니다.

논쟁과 논란, 때로는 갈등이 많은 주제들이어서 서로의 생각이 다를 수도 있습니다. 우리는 함께 고민한 주제들에 대해 더 깊게 고민하고 성찰해 더 나은 법적인 기준을 만들어 나가야 할 것입니다. 여러분은 바로 대한민국 주권자로서 「헌법」과 법률을 정의롭게 세우고 꽃피울 권리와 의무가 있기 때문입니다.

-

헌법 __ 정치적 결단을 통해 국가 공동체가 가지는 법적 기본 질서이며 국가권력
과 조직, 국민의 기본권을 포괄하고 있는 최고의 법.

형법 __ 무엇이 범죄이고 어떤 형벌을 받게 되는지를 규정한 법률.

민법 __ 사인 간의 법률 관계, 재산과 가족에 대해 규율하는 법률.

헌법재판소 __ 「헌법」을 심사 기준으로 「헌법」에 관한 재판을 하며 법원의 제청
에 의한 법률의 위헌 여부를 심판하고 탄핵의 심판, 정당의 해산 심판,
국가기관 상호 간, 국가기관과 지방자치단체 간 및 지방자치단체 상호
간의 권한 쟁의에 관한 심판, 헌법 소원에 관한 심판을 한다.

대법원 __ 법원 조직에서 최고 법원이며 재판에 있어서 최종심으로 기능함. 또한
법률에 의해 서울특별시에 소재지를 두어야 하며 대법원장을 포함하여
14인의 대법관으로 구성된다.

지방법원 __ 전국에 18개의 지방법원이 있으며 기본적으로 제1심을 재판.

담합 __ 경쟁 입찰을 할 때에 입찰 참가자가 서로 의논하여 미리 입찰 가격이나
낙찰자 따위를 정하는 일.

대체 입법 __ 원래의 법을 폐기하고 새로 법률을 제정함.

병보석 __ 구류 중인 미결수가 병이 날 경우 그를 석방하는 일.

병역 거부 __ 종교적 신조나 반전사상적 입장에서 병역 의무를 거부하는 일.

사문화 __ 법령이나 규칙 따위가 실제적인 효력을 잃어버림. 또는 그렇게 함.

사법 살인 __ 기소된 사람들이 죄가 없는데도 유죄를 확정하고 사형을 선고한 후 서둘러 사형을 집행하는 일.

위헌 법률 심판 __ 법률이 「헌법」에 위배되는지 심사하여 「헌법」에 위반된다고 판단하는 경우 법률의 효력을 잃게 한다. 나라에 따라 위헌 법률 심사 권한을 법원이 가지기도 하지만 우리나라는 헌법재판소가 가지고 있다.

인신 구속 __ 사람의 신체를 제한하거나 속박하는 일.

전원 합의체 __ 대법원의 심판권은 대법관 전원의 3분의 2 이상의 합의체에서 행사하며, 대법원장이 대법관 전원 합의체의 재판장이 된다.

제청법원 __ 법원이 사건을 담당했을 경우 법률이 위헌인지 아닌지가 재판의 전제가 되는 경우가 있다. 법원은 법률이 위헌이라는 판단이 들 때 당사자의 신청이나 직권에 의해서 헌법재판소에 위헌 여부에 대한 심판을 제청한다. 법률이 위헌인지에 대한 최종적인 심사 권한은 헌법재판소가 가지며 위헌 여부에 대한 결정을 하게 된다.

제헌 헌법 __ 제헌 국회가 1948년 7월에 제정하여 공포한 대한민국의 헌법. 전문과 본문 10장 103개조로 구성되었으며, 1952년에 개정되기 전까지 존속하였다. 제1장 총강 제1조에서 '대한민국은 민주공화국'이라고 규정하여 국가 형태가 민주공화국임을 천명하였다. 정부 형태는 대통령제를 채택하였으며 의원내각제적 요소가 가미되었다.

존엄사 __ 인간으로서 지녀야 할 최소한의 품위를 지키면서 죽을 수 있게 하는 행위. 또는 그런 견해. 의사는 환자의 동의 없이 원칙적으로 치료 행위를 할 수 없다는 것으로, 소극적 안락사라고도 한다. 미국에서 카렌 퀸란의 치료 중단을 요구한 부모의 주장을 인정한 재판에서 생겨난 말이다. 인간은 인간으로서의 존엄을 가지고 죽을 권리가 있다는 주장으로 우리나라에서는 '김 할머니 사건'에서 존엄사가 인정되었다.

진정 __ 실정이나 사정을 진술한다는 뜻인데, 어떤 억울한 일이 있을 때 관공서나 공공기관에 호소하는 것. 법률 용어는 아니지만 법적 사안과 관련해 자주 쓰인다.

최후 진술 __ 형사 공판 절차에서, 증거 조사와 검사의 의견 진술이 끝나고 피고인과 변호인이 마지막으로 진술하는 일. 재판장은 피고인과 변호인에게 최종의 의견을 진술할 기회를 주어야 한다.

판시 __ 어떤 사항에 관하여 판결하여 보임.

피의자 __ 범죄의 혐의가 있어서 정식으로 입건되었으나, 아직 공소 제기가 되지 아니한 사람. 피의자는 수사의 대상.

합헌 __ 「헌법」 취지에 맞는 일.

허위 자백 __ 자기가 저지른 죄나 자기의 허물을 남들 앞에서 거짓으로 고백함. 또는 그 고백.

헌법 불합치 결정 __ 헌법재판소가 심판 대상 법률에 대해 위헌임을 인정하지만, 법률의 공백으로 사회적 혼란이 발생하는 것을 피하기 위하여 입법 기관이 특정 시점까지 법을 개정하도록 하면서 해당 법률을 일정기간 형식적으로 유지하도록 하는 결정.

헌법 소원 __ 헌법 정신에 위배된 법률에 의하여 기본권의 침해를 받은 사람이
직접 헌법재판소에 구제를 청구하는 일. 정식으로는 헌법소원심판청구
라고 한다. 공권력의 행사 또는 불행사로 인하여 헌법상 보장된 기본권
을 침해받은 대한민국 국민이면 누구나 청구할 수 있다.

헌법적 권리 __ 「헌법」에 보장된 권리.

형사 처벌 __ 위법한 행위를 한 자에게 법률적으로 형사 책임을 묻는 일.

형사 피의자 __ 형사 사건에서 범죄의 혐의가 있어 입건되어 수사를 받는 사람.

참고 문헌

강양구, 「강양구의 지식 블랙박스」, 『주간동아』, 2017. 5. 12.

김일훈, 「대리모의 미국현황과 문제점」, 『의협신문』, 2005. 2. 2.

김종원, 「대리모 계약에 관한 법적 고찰」, 『비교사법』 제14권 제4호, 한국비교학회, 2007.

도올 김용옥, 『우린 너무 몰랐다』, 통나무, 2019.

마이클 리프·미첼 콜드웰, 『세상을 바꾼 법정』, 금태섭 옮김, 궁리, 2006.

마이클 샌델, 『정의란 무엇인가』, 김영사, 2011.

메리 울스턴크래프트, 『여권의 옹호』, 손영미 옮김, 한길사, 2008.

메리쉘리, 『프랑켄슈타인』, 오수원 옮김, 현대지성, 2021.

미셸 푸코, 『미셸 푸코의 미공개 강연록, 감옥의 대안』, 여진희 옮김, 시공사, 2023.

미야자키 마사카츠, 『세계사를 뒤바꾼 가짜 뉴스』, 장하나 옮김, 매경출판, 2021.

손명세, 『삶의 마감방식의 결정에 대한 한국의 과제』, 대한의사협회지, 2018.

오강남, 『세계 종교 둘러보기』, 현암사, 2013.

윤정인, 「크라우드소싱에 의한 헌법개정」, 『세계헌법연구』 제23권 제1호, 국제헌법학
회·한국학회, 2017.

정우현, 『생명을 묻다』, 이른비, 2022.

제주의 소리, 「문상길 중위와 중산간 소개령」, 2021. 3. 25.

주철희, 『동포의 학살을 거부한다』, 흐름출판사, 2017.

『증언 치유 프로그램 마이데이 기록집 3: 제 이야기를 들어 주시겠습니까?』,
    광주트라우마센터, 2019.

찰스 킴볼, 『종교가 사악해질 때』, 김승욱 옮김, 현암사, 2020.

천종호, 『호통판사 천종호의 변명』, 우리학교, 2018.

팔로마 베나비데스, 「칠레 학생들의 격렬한 불만」, 『트랜스라틴』 제27호, 서울대
    학교 라틴아메리카연구소, 2014.

「"한국이 '세계 갈등 1위' 국가다."에 대한 다수 언론의 문제제기」, 팩트체크 상세
    보기, 서울대학교 언론정보연구소 SNU팩트체크센터, 2022. 3. 21.

한승헌, 『재판으로 본 한국현대사』, 창비, 2016.

허호준, 『4.3 기나긴 침묵 밖으로』, 혜화1117, 2023.

KDI 경제정보센터, 『시대별 표어로 살펴본 우리나라 출산정책』, 2014.

MBC뉴스, 「우리나라 갈등이 세계 1위?」, 2022. 3. 18.

사진 출처와 페이지

대한민국역사박물관 100, 101
위키백과 14, 90, 119, 133, 151, 158, 159
(주)마스터원엔터테인먼트 65
최상천 107
헌법재판소 29